DIESES BUCH GEHÖRT

....

ANNA GEWIDMET

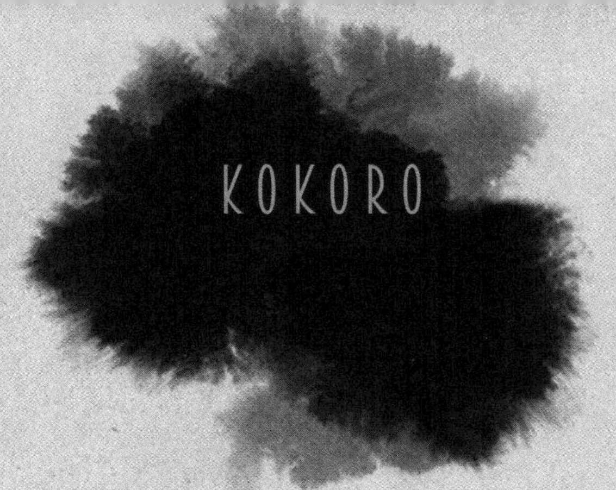

歌

Aus dem Italienischen von Myriam Alfano
Redaktion: Heike Drescher
Lettering: Michael Hau
Herstellung: Minou Zaribaf

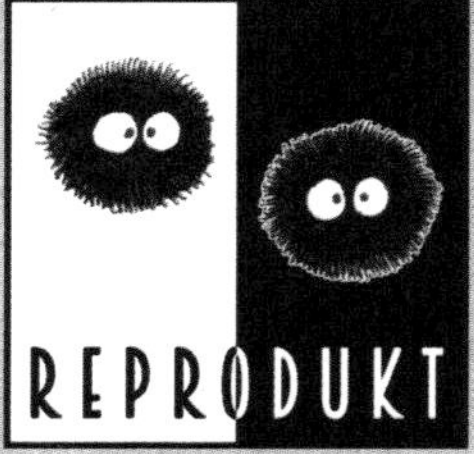

Gottschedstr. 4 / Aufgang 1
13357 Berlin

Originally published in Italy by Oblomov Edizioni.
Published by arrangement with Igort and Galya Semeniuk.
Herausgeber: Dirk Rehm
ISBN 978-3-95640-233-3
Druck: OZGraf, Olsztyn, Polen

Erste Auflage: November 2020

www.reprodukt.com

INHALT

DIE LEHRE DER SCHAMANIN

Ursprünglich wollte ich ein Picture Book machen, ein Bilderbuch – daher das Querformat –, die Aquarelle möglichst im Originalzustand zeigen, ohne Beschnitt oder Verkleinerung.
Bilder zusammenstellen und in eine Reihenfolge bringen.

Auf der linken Seite sollten dann Auszüge aus meinen Reisetagebüchern stehen.
So hatte ich es der Redaktion erklärt, das war in meiner Vorstellung KOKORO.

Ich wählte Zeichnungen aus, dann Fragmente von Geschichten.
Die Zeichnungen verlangten nach weiteren Zeichnungen, die ich nach und nach anfertigte und die sich dann zu neuen Sequenzen zusammenfügten.
Fast wie in Trance ist daraus diese sehr persönliche Erzählung entstanden.

1994 war ich in Kyoto Frau Kudo begegnet.
Es hieß, sie sei eine Schamanin. Ich kann mich gut an ihr kindliches Lächeln erinnern.
Damals sagte sie: „Sei achtsam. Es gibt Gründe, die du nicht begreifst, aber sie bestimmen dein Handeln."
Und so ist es: Dieses Buch ist das Ergebnis eines nahezu unbewussten Dialogs von Fragmenten.

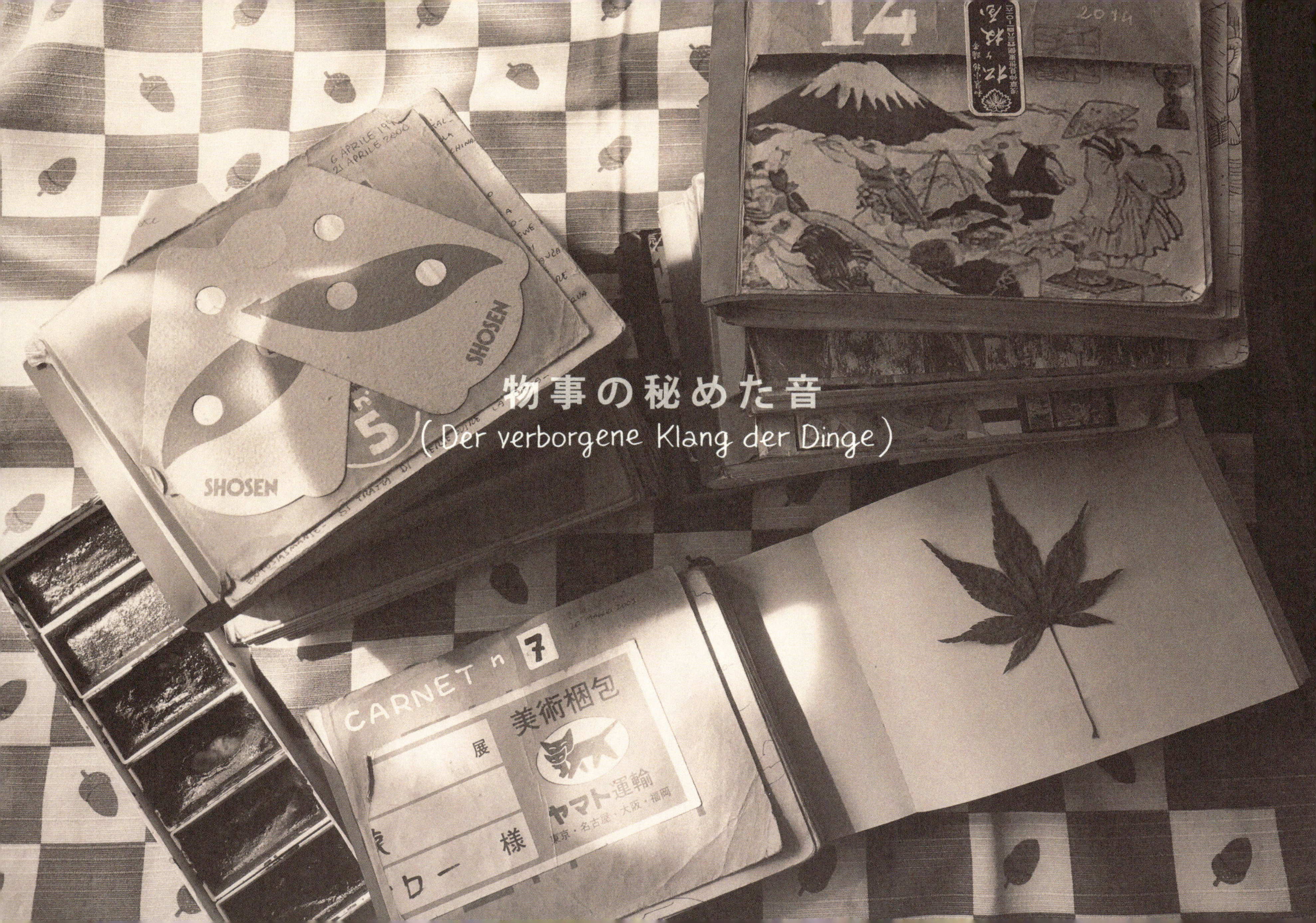

物事の秘めた音

(Der verborgene Klang der Dinge)

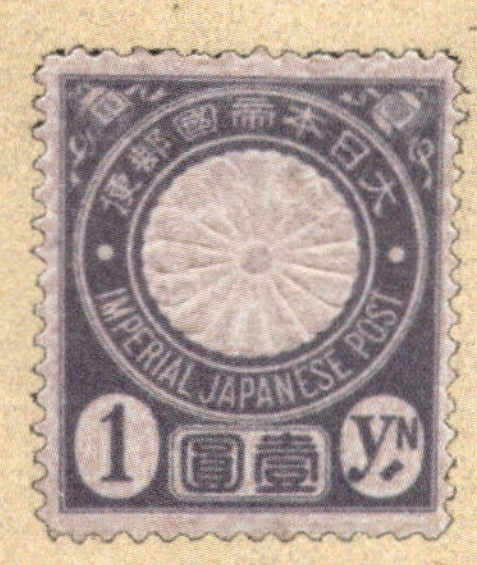

Kokoro bezeichnet in der japanischen Kultur das Herz im spirituellen Sinn. So lautet auch der Titel des bedeutendsten Romans des großen Literaten Soseki Natsume. Lafcadio Hearn, ein nach Japan ausgewanderter irischer Schriftsteller, übersetzt Kokoro als „the heart of things".

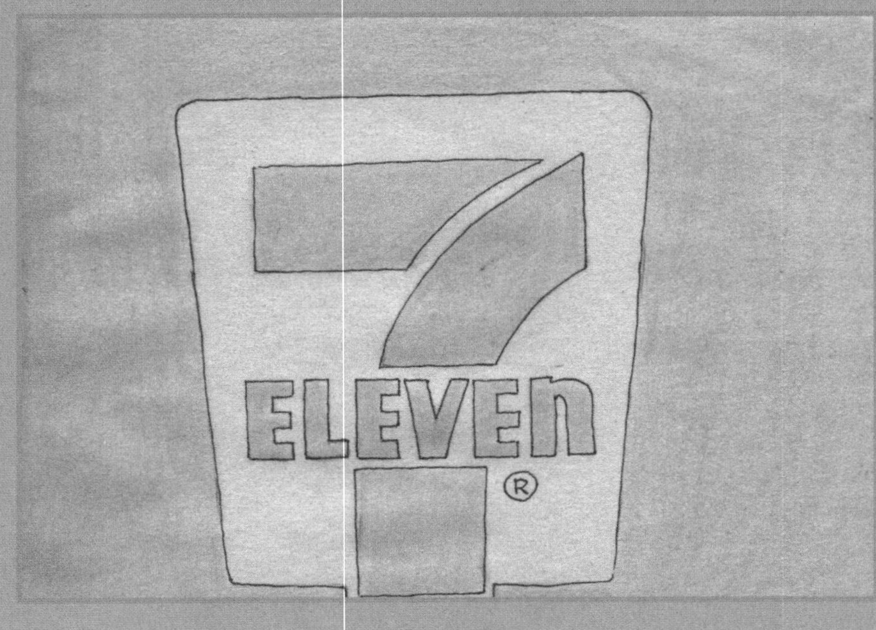

Angefangen hat es fast zufällig:
Im Seven-Eleven in der Nähe meiner Wohnung hatte ich mir einen dieser kleinen, unauffälligen Notizblöcke gekauft. Unbewusst fing ich an, kurze, manchmal winzige Ausflüge zu unternehmen, die Blöcke immer im Rucksack.

Hin und wieder blieb ich stehen, hielt Gedanken fest, Dinge, die ich erlebte, skizzierte Alltagsgegenstände und -orte. Dass es ganz gewöhnliche Notizblöcke waren, hat sicher dazu beigetragen, das Gebot der „schönen Zeichnung" zu brechen.

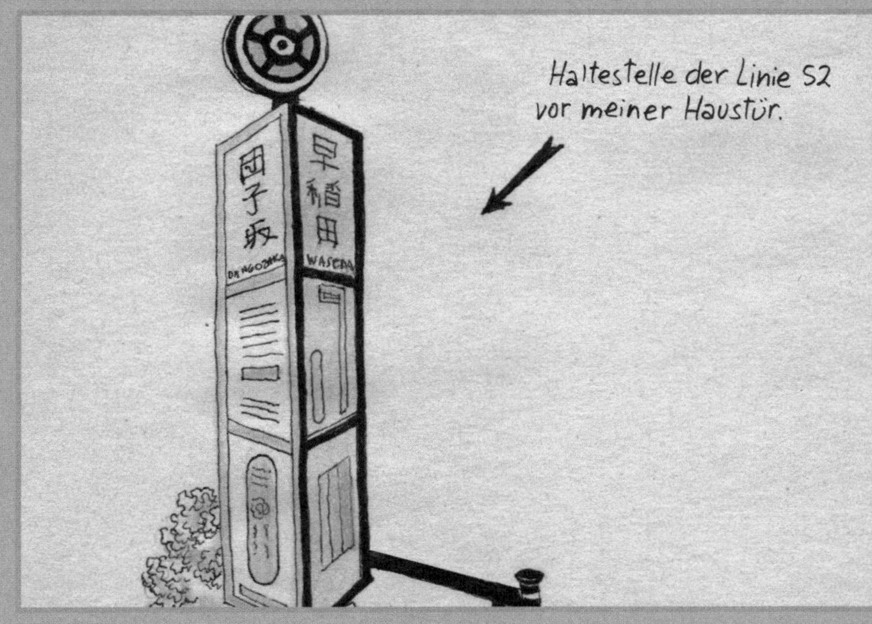

Es war, als würde das Papier mir sagen:
„RELAX! SCHREIB AUF, HALTE FEST, ES MUSS NICHT PERFEKT SEIN."
Einer Zeichnung genügt es manchmal, einfach da zu sein.
Die Blöcke waren von keiner bestimmten Marke, sondern von MUJIRUSHI, was so viel bedeutet wie „NO LOGO", „KEINE MARKE".

Das war 1994, und niemand konnte ahnen, dass daraus wenige Jahre später eine internationale Marke mit Läden in ganz Europa werden würde.
Heute kennt MUJI (fast) jeder.

Ich zeichnete mit allem, was mir in die Finger kam: Bleistift, Kugelschreiber, Filzstift, schwarz-weiß und in Farbe.
Ich suchte die in den Formen verborgene Melodie. In Japan glaubt man, dass die Dinge, die wir täglich benutzen, durch den Kontakt mit uns eine Seele bekommen.

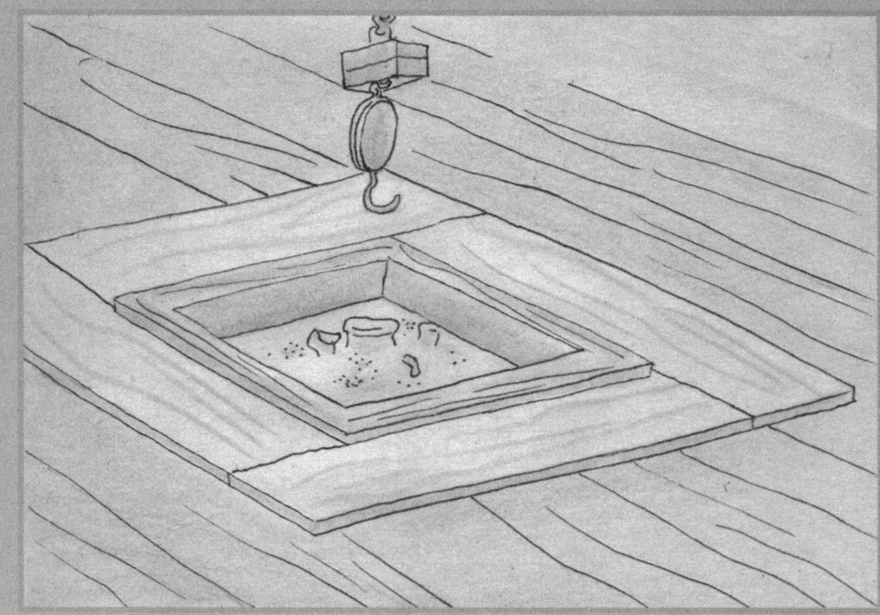

Im Sensoji-Tempel in Tokio wird jedes Jahr am 8. Februar die sogenannte Nadelandacht begangen. Dabei handelt es sich um ein regelrechtes Begräbnis für die während des vergangenen Jahres zerbrochenen Nähnadeln.

Dieses Ritual heißt

HARI KUYO

(Zeremonie der zerbrochenen Nadeln)

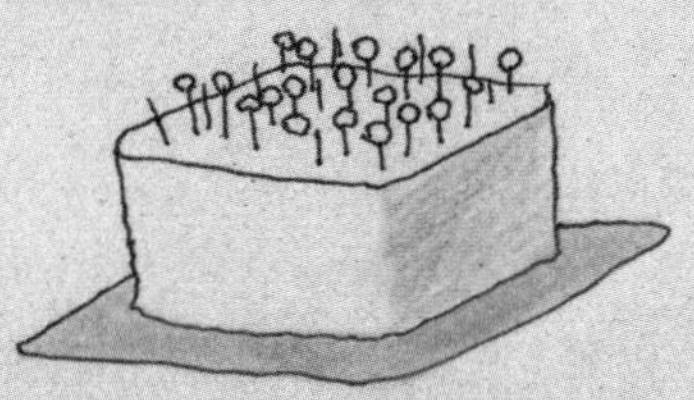

Der Animismus ist ein wesentlicher Bestandteil des Shintoismus. Demzufolge ist die Natur beseelt, und Dinge und Lebewesen können göttliche Eigenschaften haben. Auch Flüsse, Berge und Orte können als Gottheiten verehrt werden.

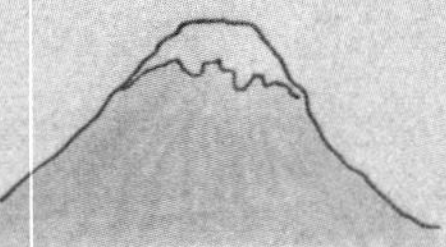

Der Vulkan Fujisan zum Beispiel gilt als Kami*, als etwas Mystisches, und kann uns mit dem Jenseits in Kontakt bringen. Der Überlieferung zufolge gibt es acht Millionen Kami – eine Zahl, die abstrakt zu verstehen ist und für „unendlich viele" steht.

* Von Kami, Gottheit, stammt auch das Wort KAMIKAZE, das zumeist als „GÖTTLICHER WIND" übersetzt wird.

MONO NO AWARE

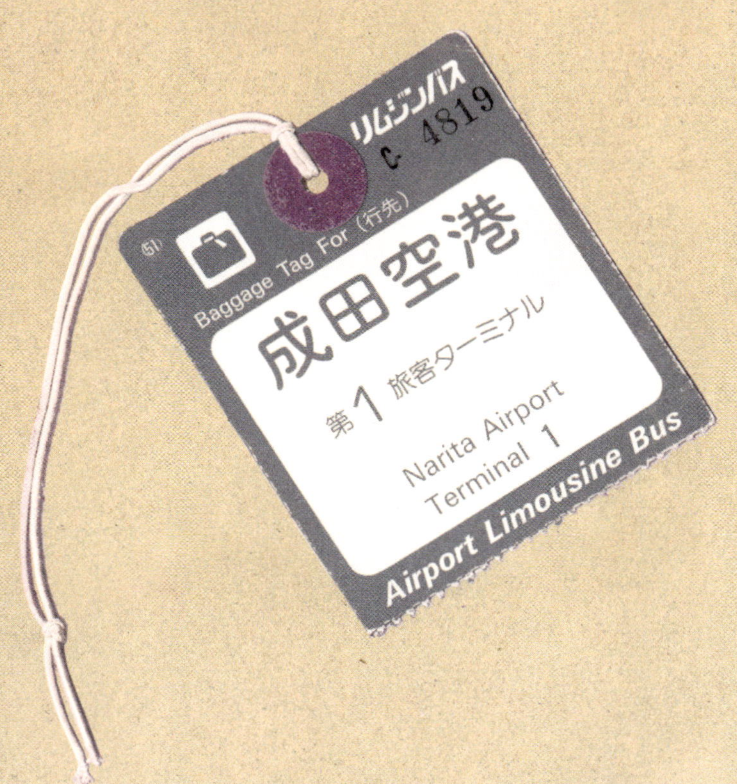

In den Antiquariaten von Jimbocho oder Kanda blätterte ich manchmal in alten Zeitschriften. Dort gab es auch Schallplatten, Schulhefte und Filmplakate aus den 1950er-Jahren. Das Japan der Nachkriegsjahre suchte Frieden – und eine Perspektive für das Leben nach der vernichtenden Niederlage.

Auf einem der Bilder erkannte ich sie, SETSUKO HARA. Sie war die Muse von OZU, einem meiner Lieblingsregisseure. Setsuko gab diesen Hoffnungen ein Gesicht. Sie arbeitete auch mit NARUSE, einem ebenfalls sehr produktiven Filmemacher.

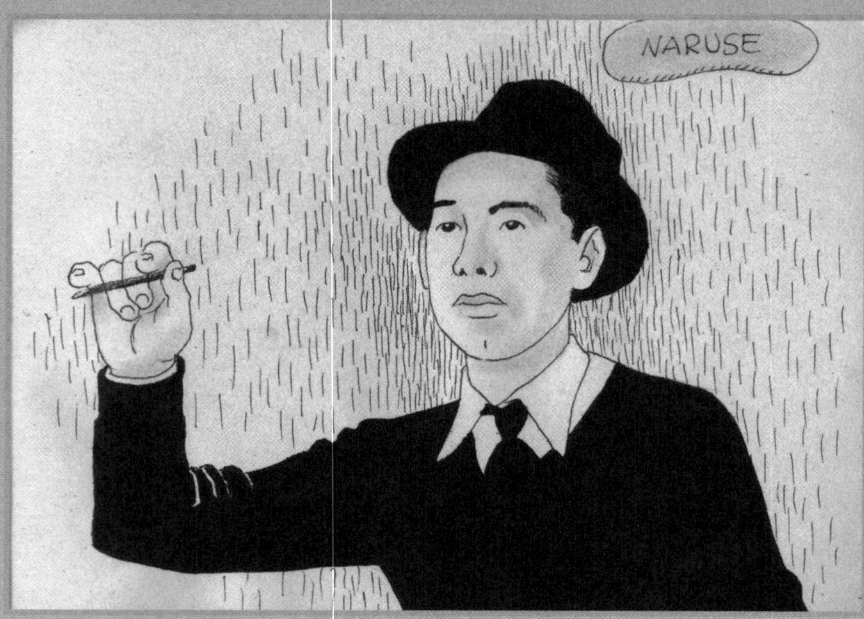

Ozu und Naruse waren beide geprägt von MONO NO AWARE, diesem tiefen ästhetischen Empfinden, das durch einfachste Geschichten eine starke emotionale Anteilnahme an der Natur und am Leben vermittelt. Man spricht auch vom PATHOS DER DINGE.

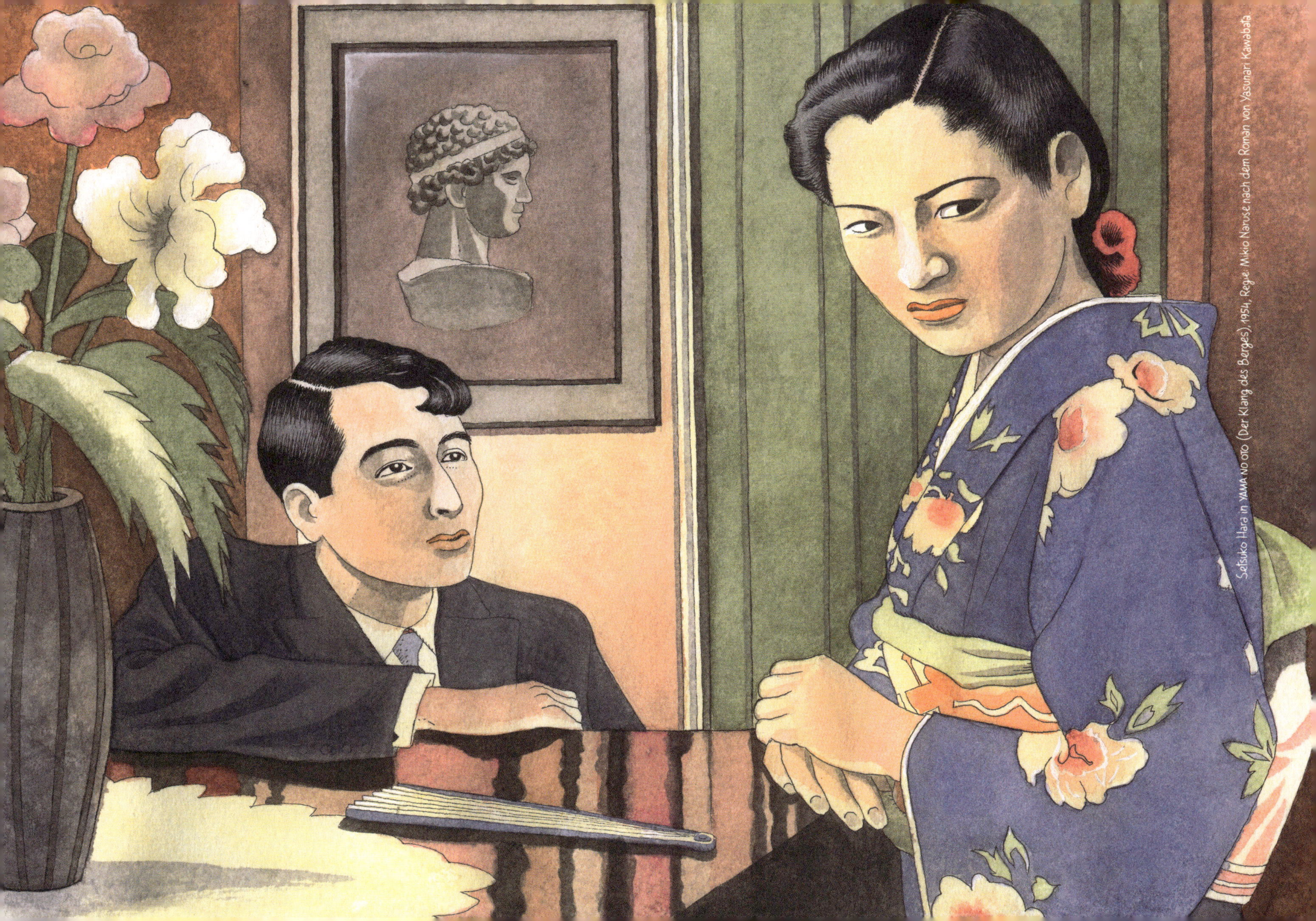

Setsuko Hara in YAMA NO OTO (Der Klang des Berges), 1954, Regie: Mikio Naruse nach dem Roman von Yasunari Kawabata.

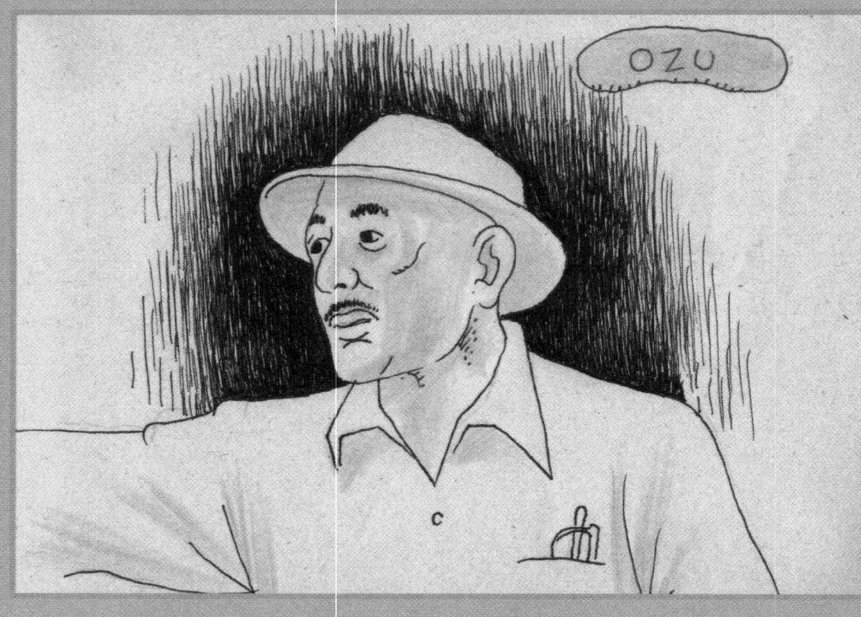

Ich liebte den starken Ausdruck der Nostalgie, von dem Yasujiro Ozus Filme durchdrungen sind. Als ich seine Bilder zum ersten Mal sah, war ich wie verzaubert. Es lagen ein Geheimnis, eine Leichtigkeit darin, die von der verborgenen Seite des Lebens zu erzählen schienen.
TOKIO MONOGATARI (Die Reise nach Tokio), gedreht 1953, erzählt von einer kleinen, persönlichen Welt.
Von einer Reise von Onomichi nach Tokio.

Die fast siebzigjährigen Eheleute Hirayama machen sich auf, ihre in der Hauptstadt lebenden Kinder zu besuchen.

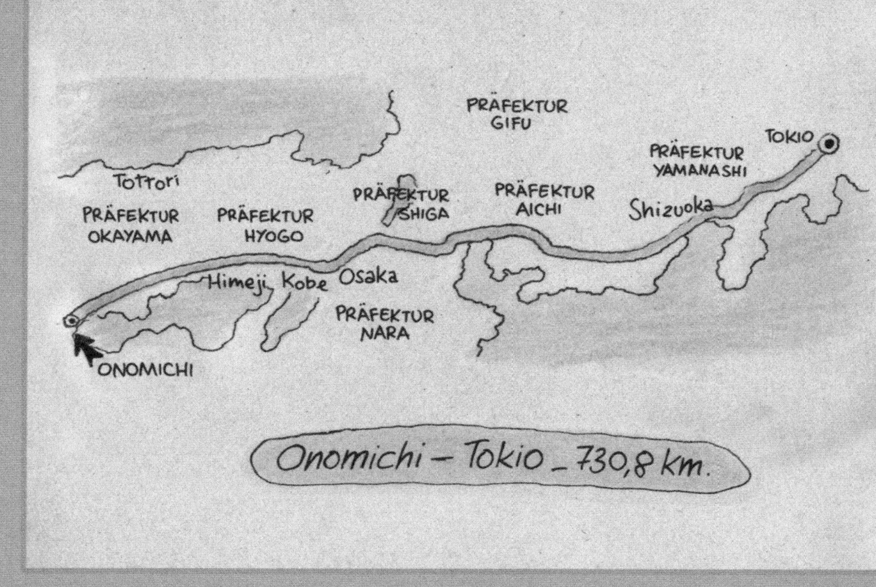

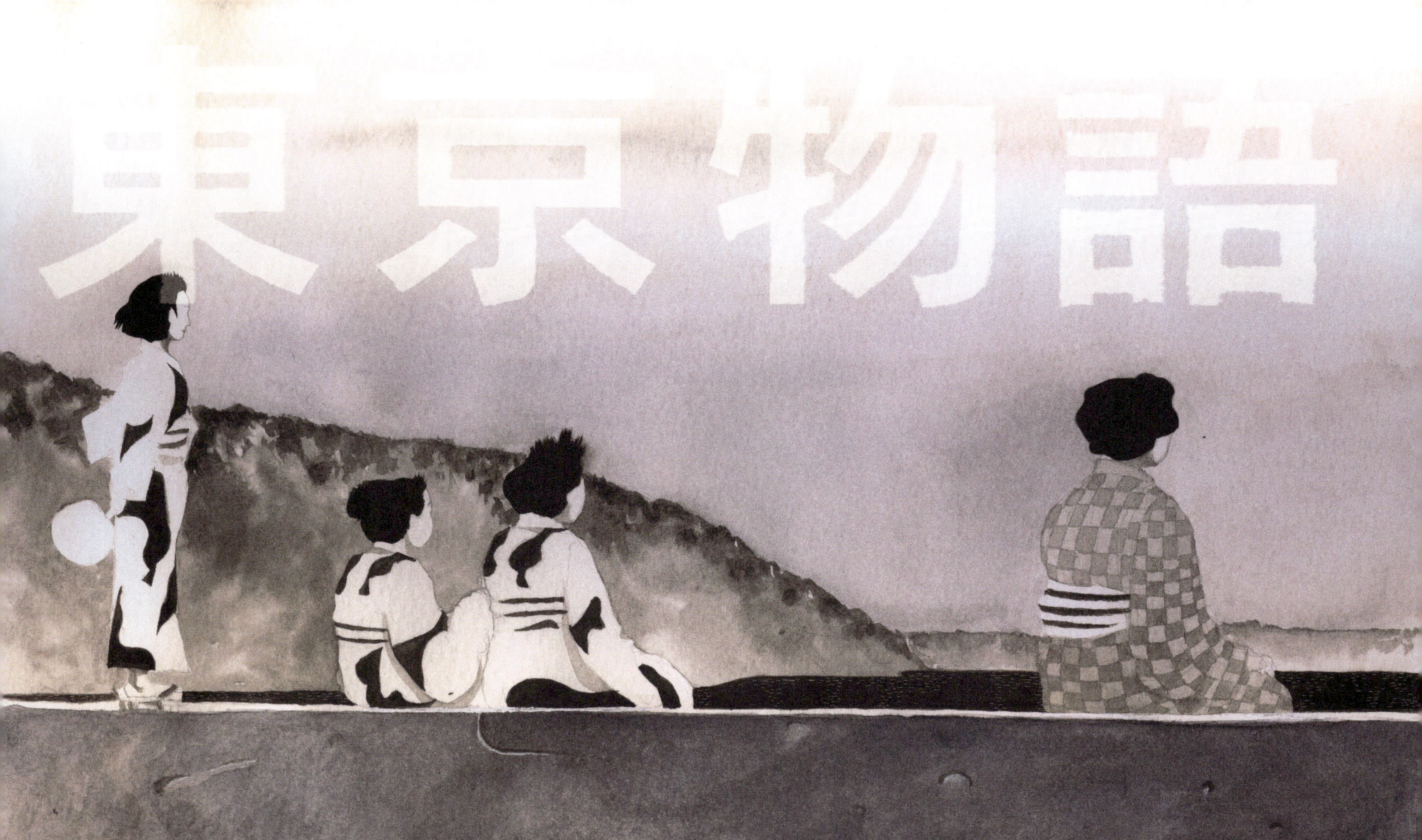

(Ein Augenblick tiefer Versunkenheit)

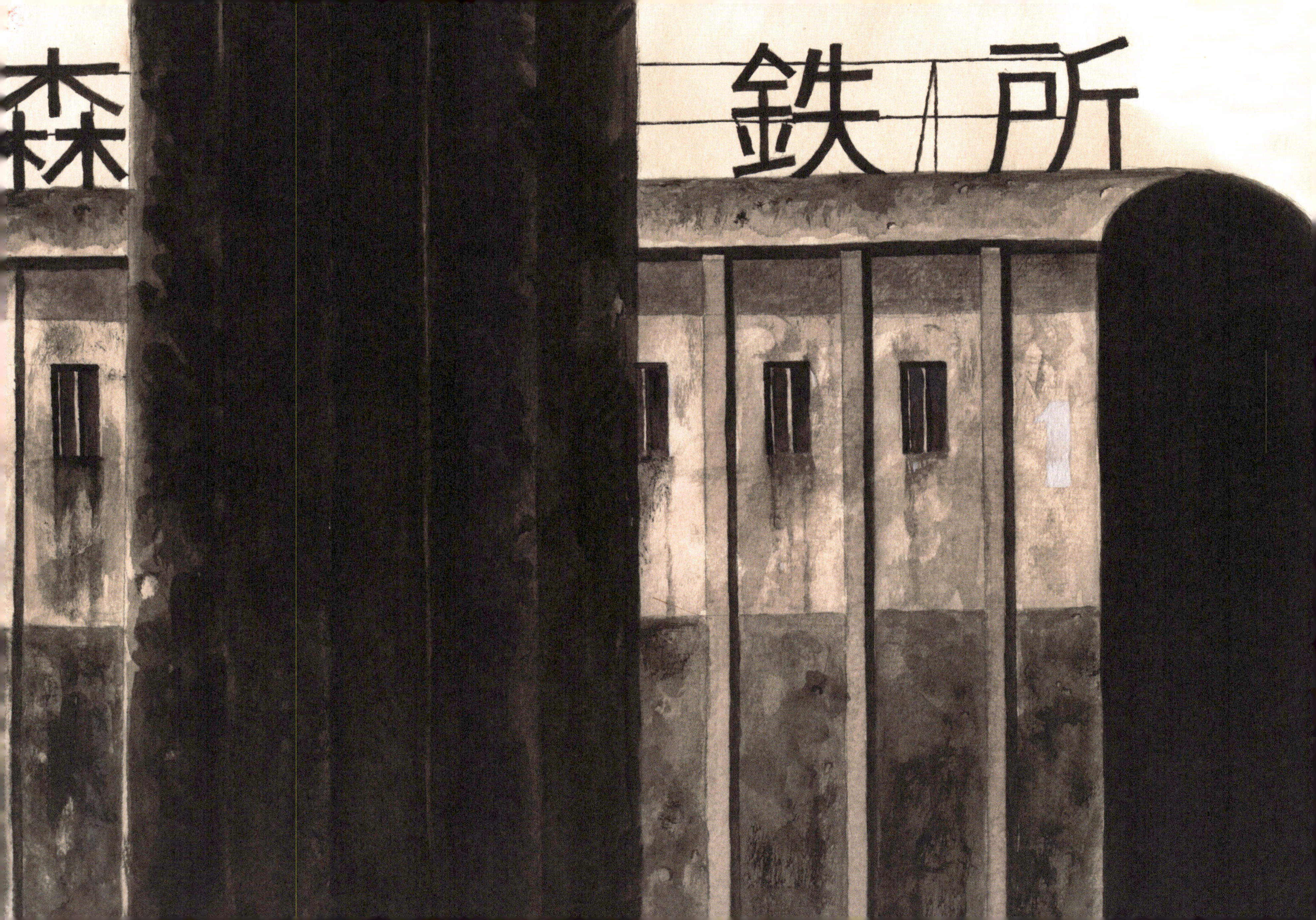

森
鉄
所

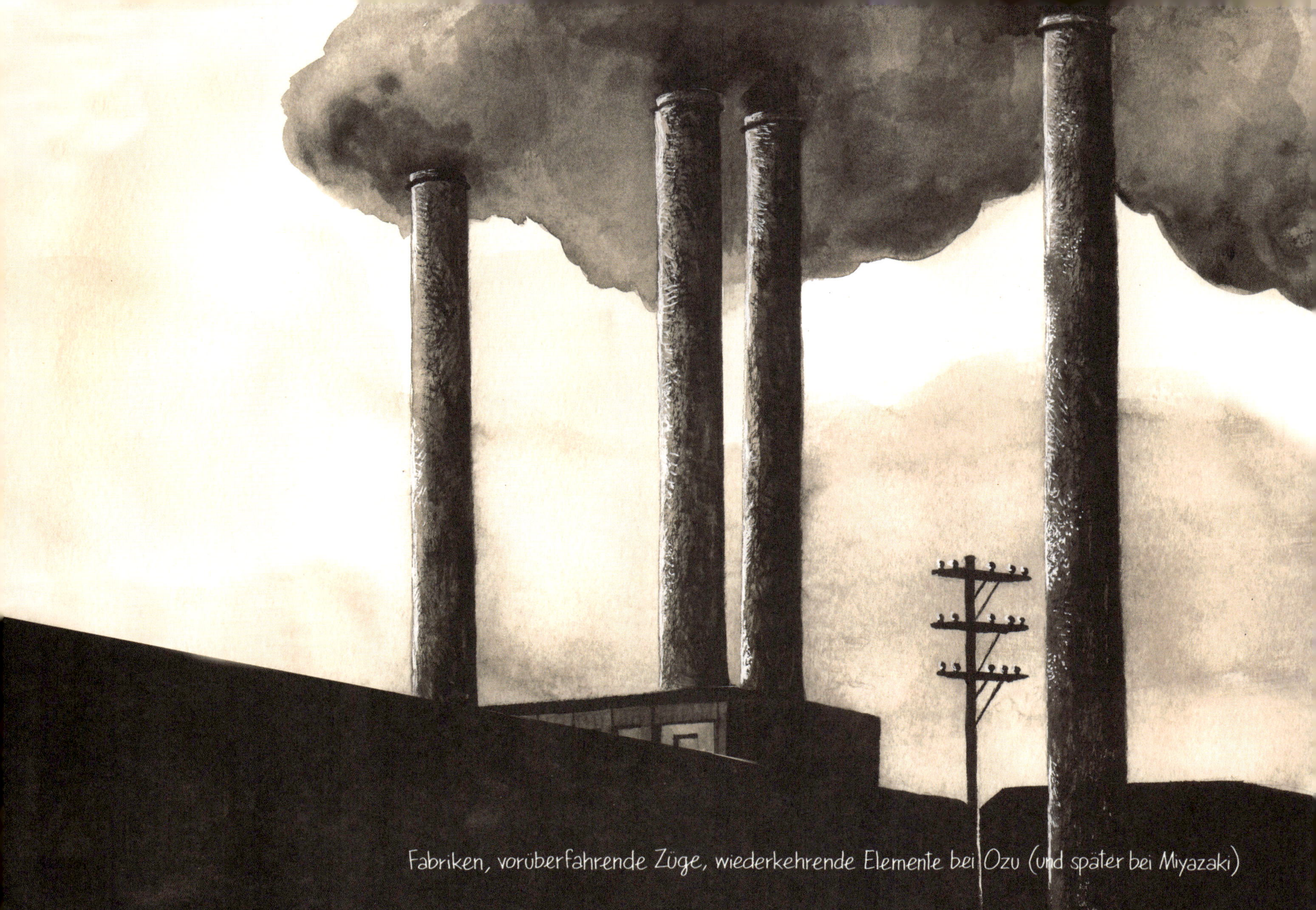
Fabriken, vorüberfahrende Züge, wiederkehrende Elemente bei Ozu (und später bei Miyazaki)

Doch bei der Ankunft erwartet sie eine Überraschung: Die Kinder leben ihr eigenes Leben, gehen ihren Berufen nach und haben keine Zeit für ihre Eltern.

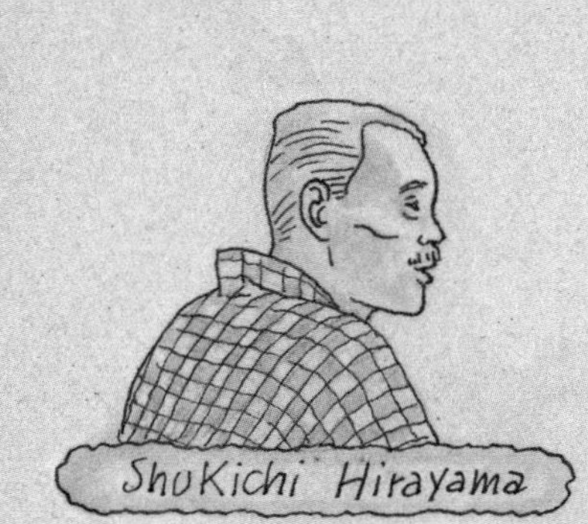

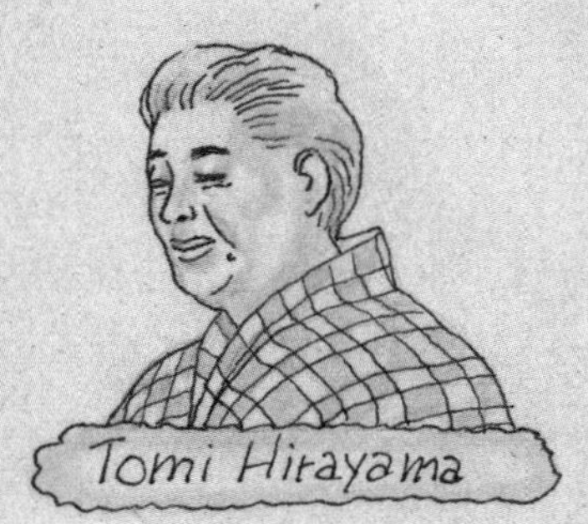

Mit großer Behutsamkeit erzählt Ozu von zwei Welten, die zu weit auseinandergedriftet sind. Von einer Verdunkelung der Gefühle, die nur durch die Fürsorge der Schwiegertochter Noriko durchbrochen wird. Noriko ist die Witwe des im Krieg gefallenen Sohnes, keine Blutsverwandte.

Noriko wird dargestellt von der strahlenden Setsuko Hara, die in vielen von Ozus Filmen mitspielt. Unvergessliche Rollen, denen sie dank ihrer Anmut und Reinheit Glanz und Leben einhauchte. Als Ozu 1963 stirbt, zieht sie sich auf dem Höhepunkt ihres Ruhms zurück. Danach stand sie nie wieder vor der Kamera, führte ein Leben in Abgeschiedenheit und verweigerte alle Interviewanfragen und öffentlichen Auftritte.

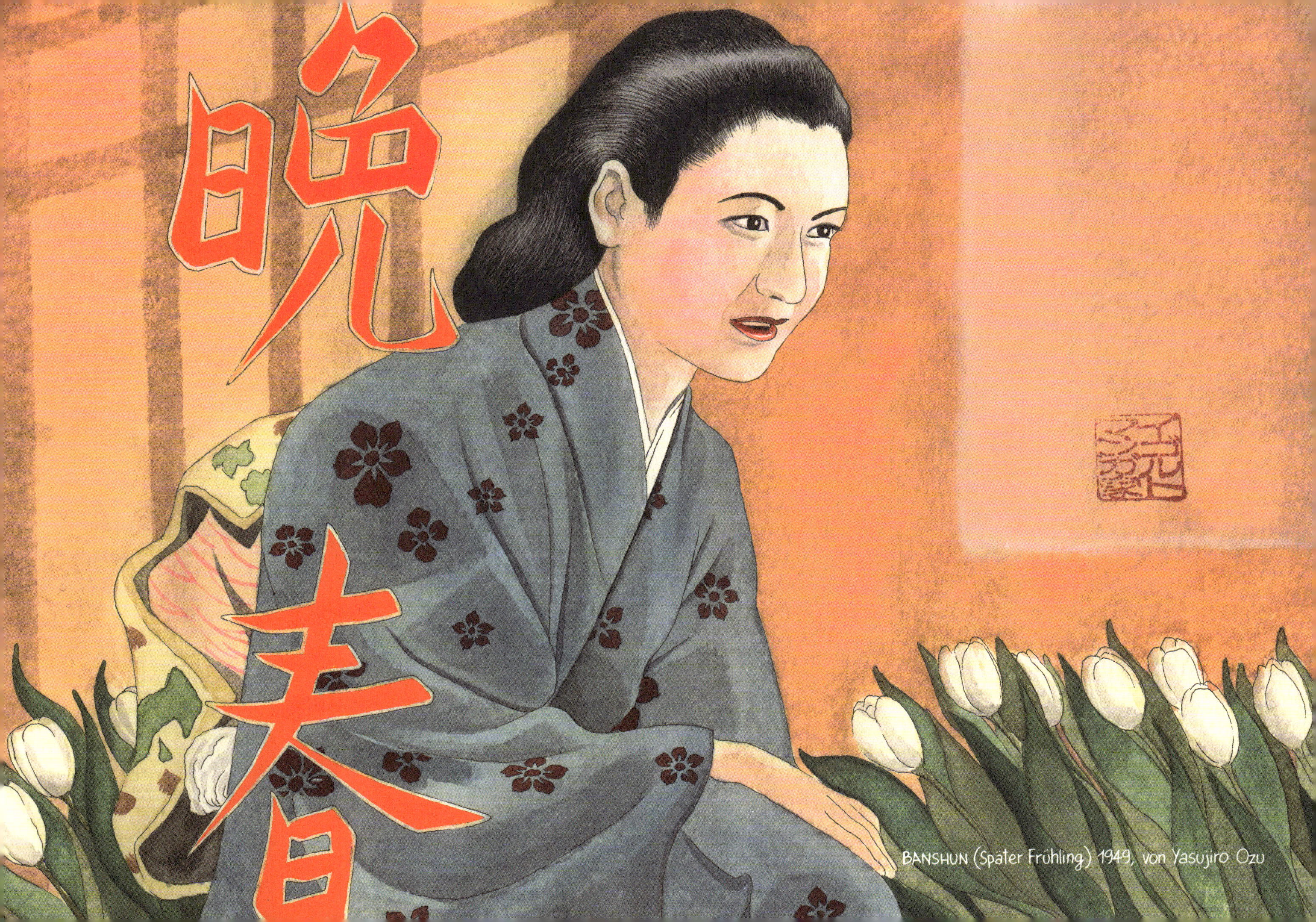

BANSHUN (Später Frühling) 1949, von Yasujiro Ozu

Heute gilt Die Reise nach Tokio als Meisterwerk der Filmgeschichte, doch als der Film 1953 herauskam, glaubte niemand daran, dass er auch im Ausland Anklang finden könnte.

In London wurde er 1957 uraufgeführt, in New York sogar erst 1972!

Man hielt den Film für „zu japanisch".

Kyoko: Ist das Leben nicht enttäuschend?
Noriko (lächelnd): Ja, das ist es.

(ein Dialog aus Die Reise nach Tokio)

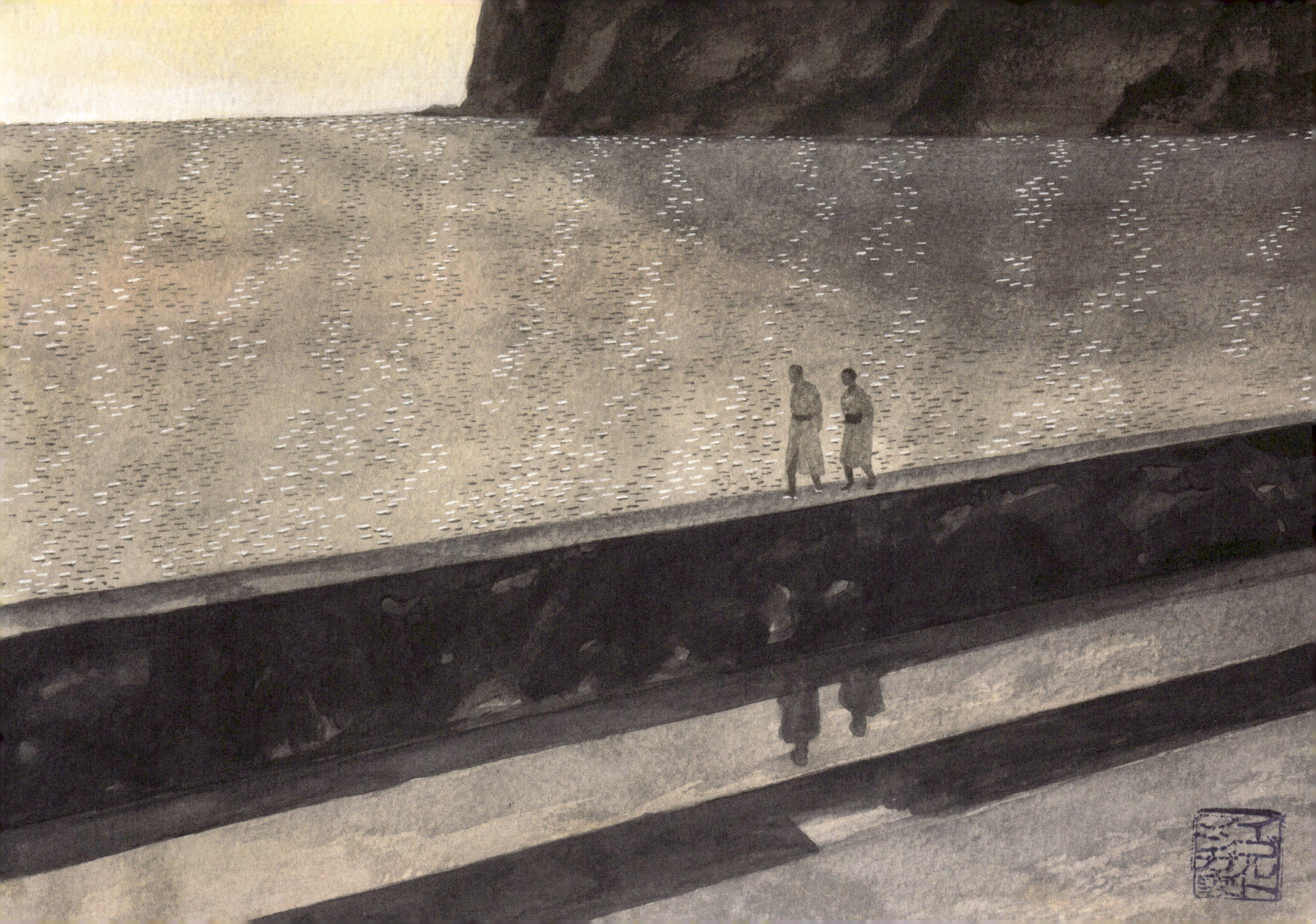

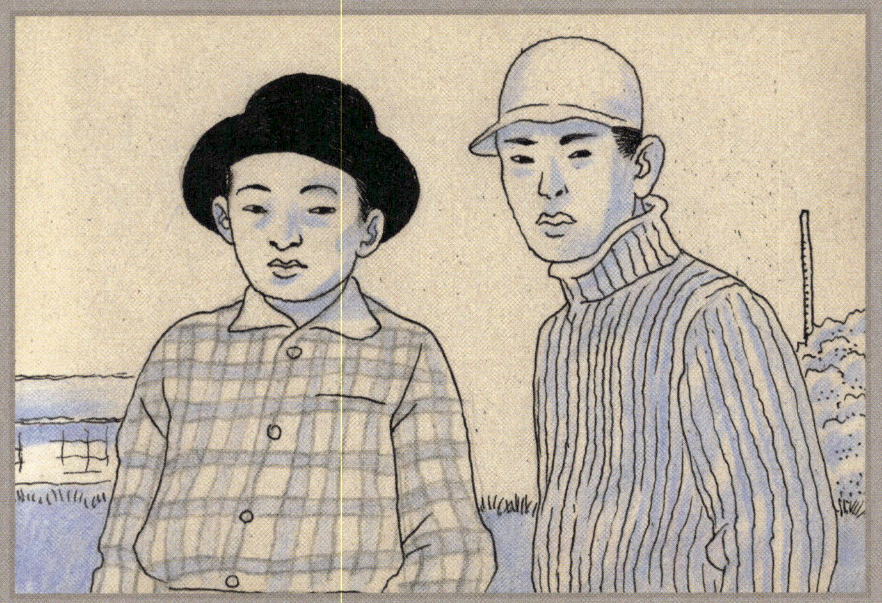

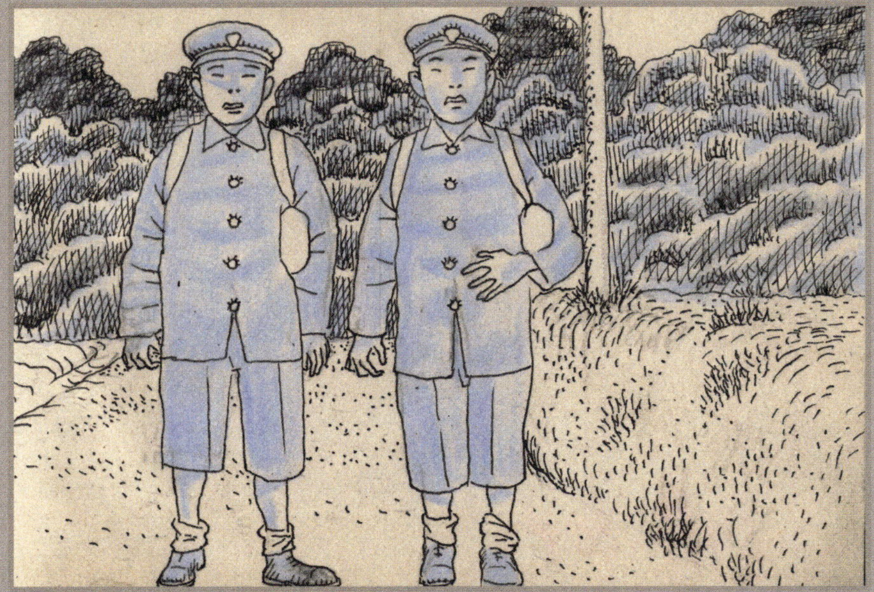

24

Von Ozu habe ich gelernt, Kinder zu beobachten. In seinen Filmen kommen sie häufig vor. Sie leben in ihrer eigenen Welt, die Lichtjahre von den japanischen Glaubenssätzen der Ordnung und Disziplin entfernt scheint. Bei Ozu sind Kinder kleine Rabauken.

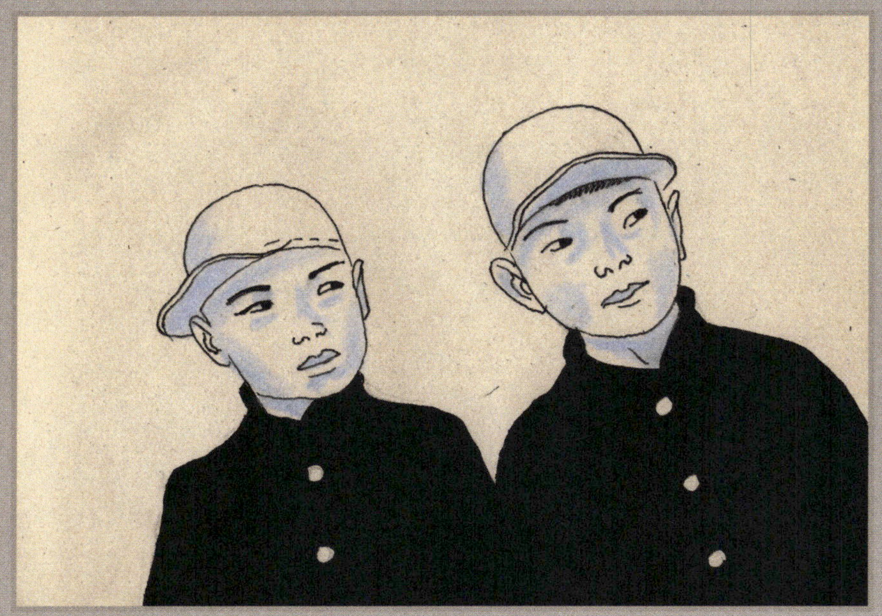

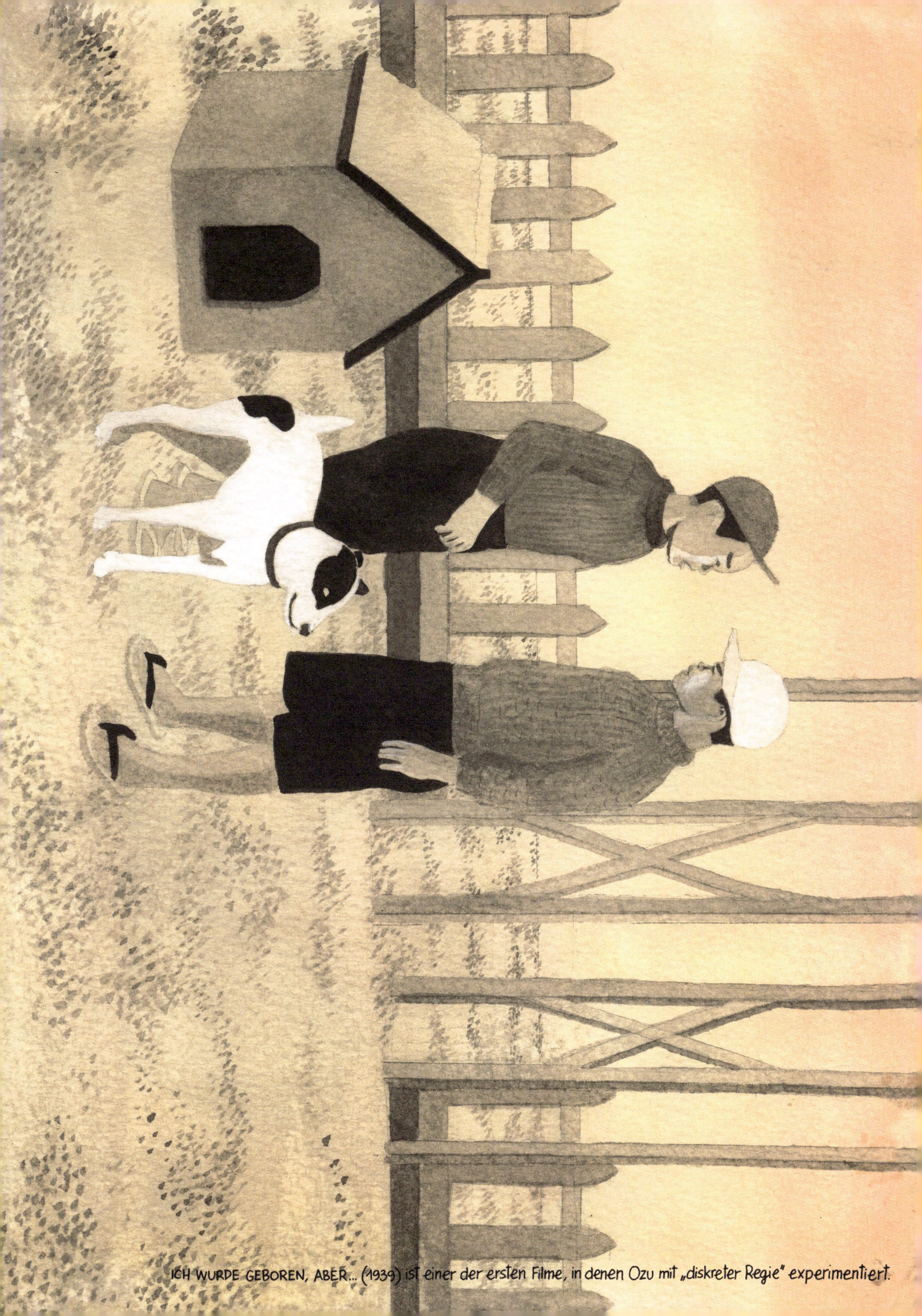

ICH WURDE GEBOREN, ABER… (1939) ist einer der ersten Filme, in denen Ozu mit „diskreter Regie" experimentiert.

Als junger Mensch trank er viel und war häufig in Prügeleien verwickelt. Wer hätte gedacht, dass er ausgerechnet für seine poetische und andächtige Erzählweise berühmt werden würde?

Die bittere Süße seiner Geschichten war beredt. Die Nachkriegszeit war leidvoll. Die Zeitschriften, die ich in den Antiquariaten durchblätterte, erzählten von einem sorglosen Land, das zu vergessen suchte.

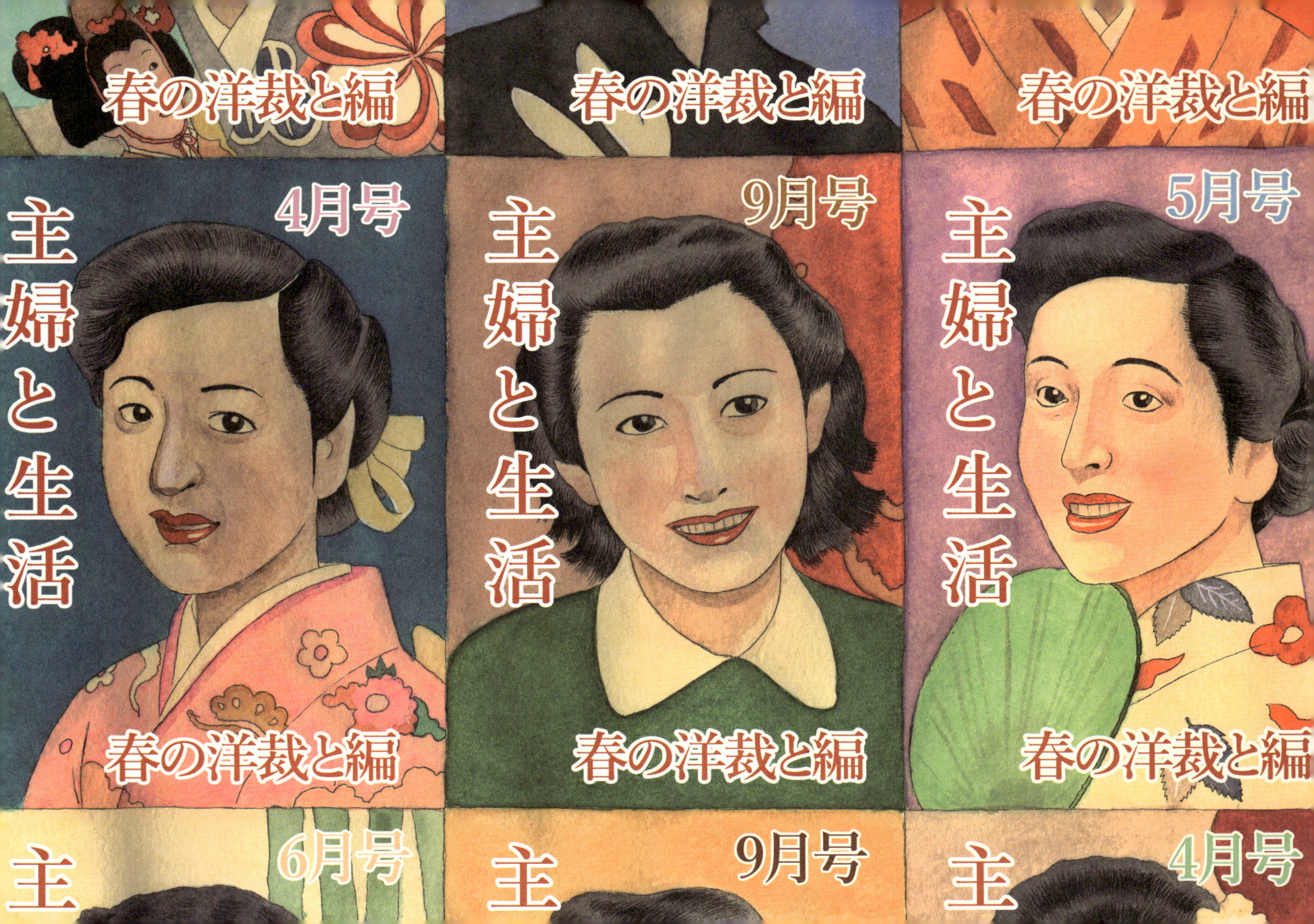
春の洋裁と編
春の洋裁と編
春の洋裁と編
4月号
主婦と生活
春の洋裁と編
9月号
主婦と生活
春の洋裁と編
5月号
主婦と生活
春の洋裁と編
6月号
主
9月号
主
4月号
主

Zwischen Krieg und Frieden

Nach der Kapitulation wurde Japan von den alliierten Siegermächten besetzt. Sie sollten bis 1952 bleiben.
Diese Phase war geprägt von starken westlichen Einflüssen, es waren turbulente Zeiten.
Die alliierten Soldaten machten sich schwerer Verbrechen gegen die wehrlose Bevölkerung schuldig.
Und es herrschte Zensur: Über diese brutalen Ereignisse durfte nicht berichtet werden, um kein schlechtes Licht auf die Vereinigten Staaten und ihre Alliierten zu werfen.
Die Verwüstungen dieser Zeit kennzeichneten eine ganze Epoche. Auch TADAO TSUGE, der große Mangaka, wurde davon beeinflusst und schloss sich mit seinem Bruder Yoshiharu der Gekiga-Bewegung an. (Gekiga: dramatische Bilder)

TADAOS GESCHICHTE

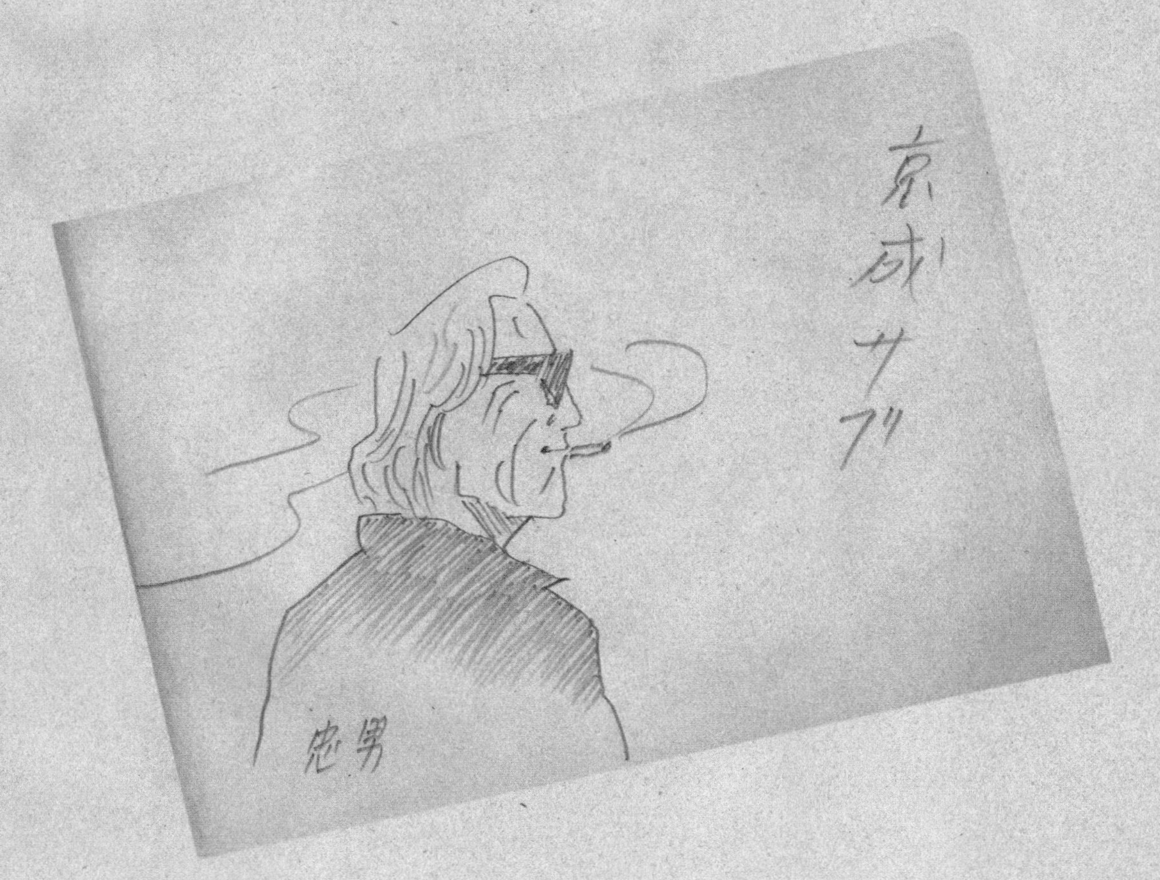

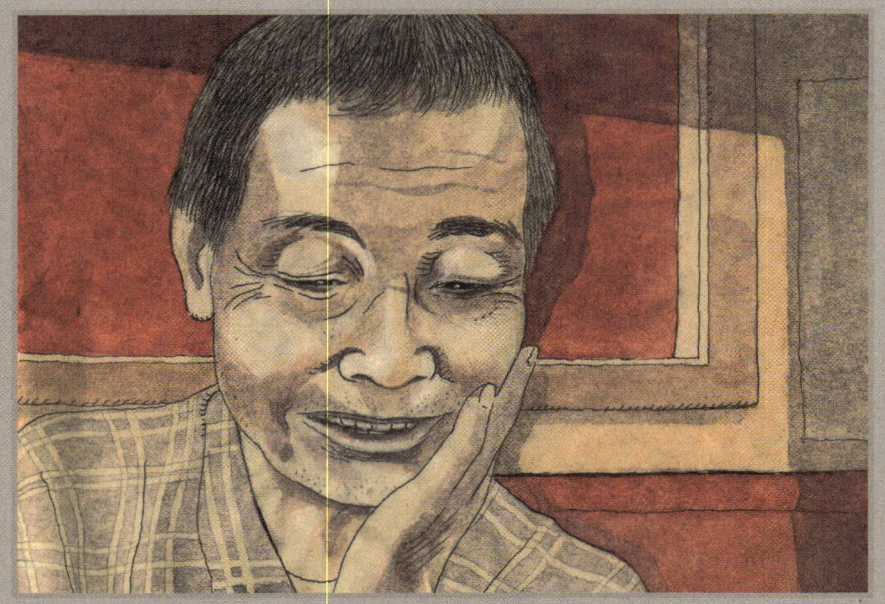

Sein großer Bruder, der berühmte Yoshiharu, hielt ihn dazu an, Bildergeschichten zu erzählen. Damit er die Grundlagen des Handwerks lernte, ließ er ihn die schwarzen Flächen und allmählich auch Details seiner Manga-Seiten tuschen. „Yoshiharu veröffentlichte schon. Er wusste, was er wollte."

Dann begann auch Tadao Tsuge eine Karriere als Zeichner. Er ist ein schüchterner, sanfter Mann. Heute ist er 79 Jahre alt und hat den Blick eines verträumten Kindes. Als ich erwähne, dass seine Comics in der ganzen Welt erscheinen und seine Kunst auch westliche Zeichner beeinflusst, wehrt er ab. Er, der Meister des Gekiga, erzählt von einer Nachkriegskindheit ohne Träume.

„Wir dachten gar nicht nach, auch nicht, dass wir Autoren werden wollten, es ging ums reine Überleben, wir hatten kaum etwas zu essen." Diese Kindheit, die ihm zur Qual, zur Hölle werden sollte, ist auch nach all den Jahren noch eine offene Wunde.
„Gewalt war allgegenwärtig. Es verging kein Tag, an dem ich nicht verprügelt wurde. Noch heute frage ich mich, wozu all der Hass."

Von seiner Familie möchte er lieber nicht sprechen. „Es war eine besondere Situation, ich möchte mich nicht daran erinnern." Doch dann zeigt er mir seinen linken Arm, die Narben sind noch immer zu sehen. „Ich war der Jüngste."
Als ich ihn nach seinen ersten Geschichten frage, sagt er: „Ja, sie waren düster", aber weder ihm noch seinem Bruder war das bewusst. Auch nicht, dass sie etwas vollkommen Neues erschufen.

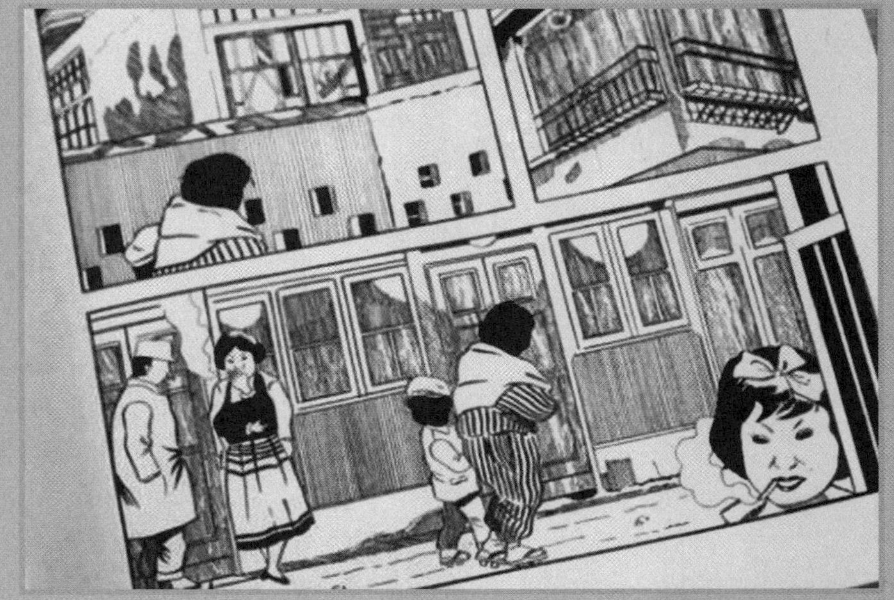

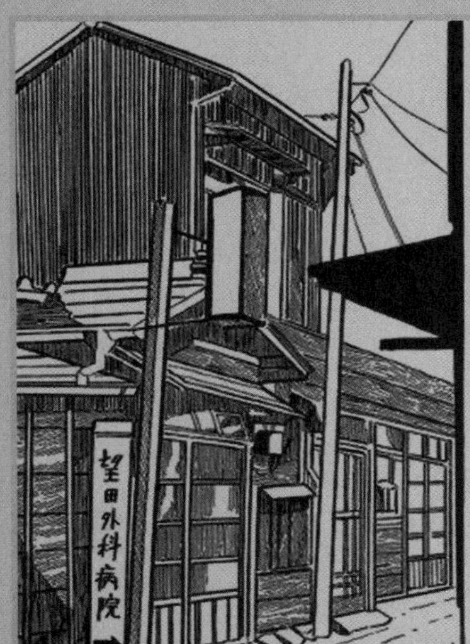

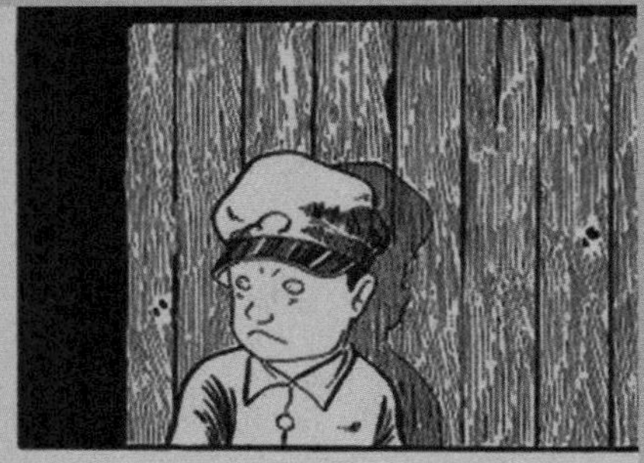

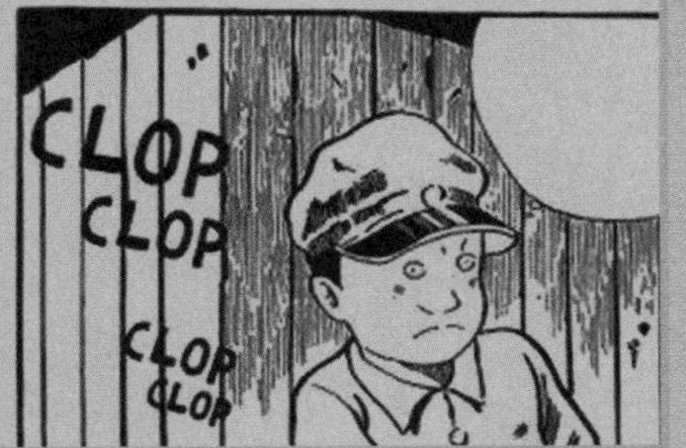

Sie erzählten von dem, was sie sahen, von der schrecklichen Welt, die sie kennengelernt hatten. „Dann wies uns jemand darauf hin, dass es Geschichten der Verzweiflung waren, und Yoshiharu sagte: ‚Gut, dann lass uns ein Markenzeichen daraus machen.'"
„Mein Bruder und ich trafen uns mit Tatsumi-san, der älter war als wir, und auch er zeichnete Geschichten von Verbrechen und Verzweiflung. Er war es, der den Begriff Gekiga erfand."

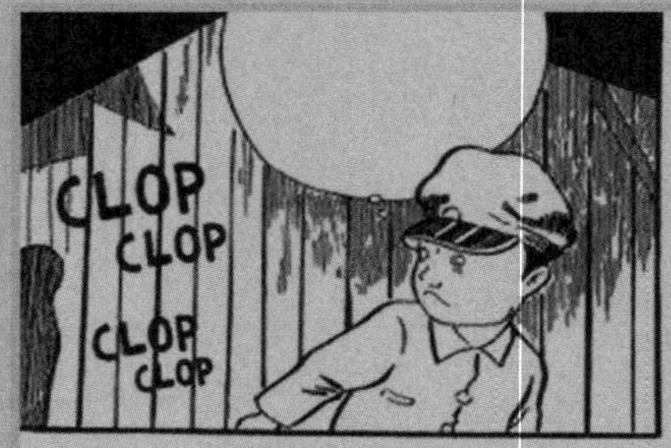

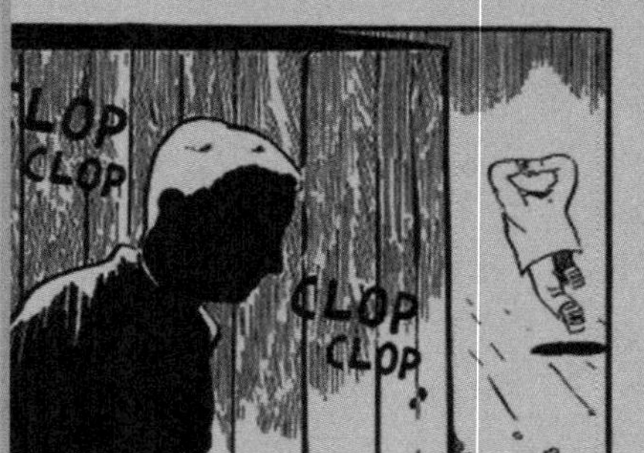

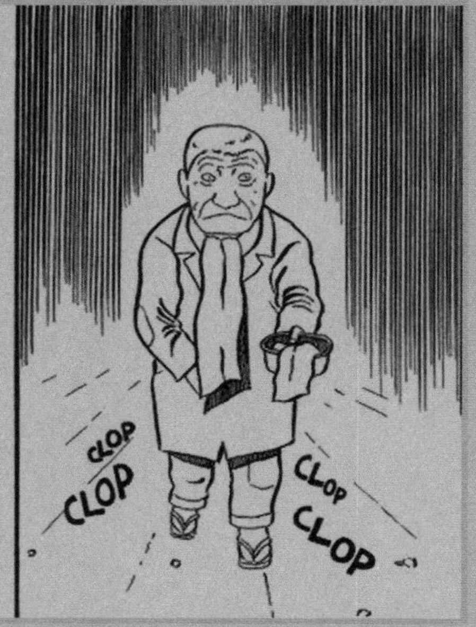

Er erzählt von Nächten, in denen er ziellos herumstreifte. Es war die Zeit, in der legendäre Geschichten in Zeitschriften erschienen, die man für sehr wenig Geld ausleihen konnte. „Die Leute waren zu arm, um sie zu kaufen. So konnten sie die Zeitschriften lesen und dann wieder zurückbringen. Als ich einen Brief von Takano Shinzo bekam, in dem er mich aufforderte, für die avantgardistische GARO zu zeichnen, fing ich an, Geschichten von ganz normalen Menschen und ihrem schweren Alltag zu zeichnen."

„Ich dachte, ich hätte es geschafft – drei Jahre lang konnte ich vom Zeichnen leben, damals war ich 27 Jahre alt.

Aber dann, mit Frau und Kind, musste ich mehr Verantwortung übernehmen, also arbeitete ich bei einer Blutbank. Wenn ich Zeit fand, zeichnete ich meine Geschichten."

„Meine Brüder zogen zu Hause aus, so schnell es ging, ich bin geblieben.

Auch damals war ich derjenige, der arbeitete und damit die Familie unterhielt."

東京
地下鉄
淺草駅

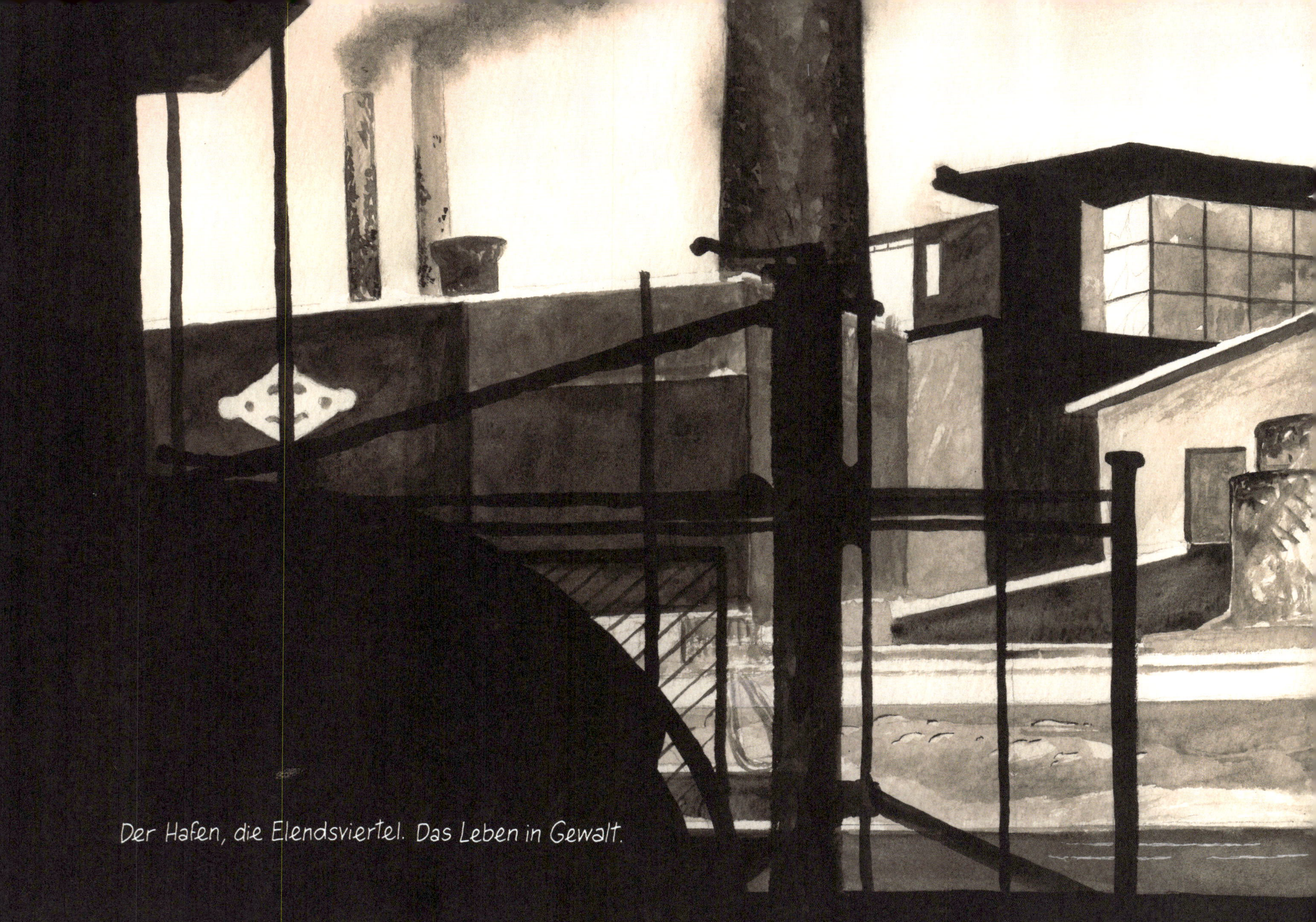
Der Hafen, die Elendsviertel. Das Leben in Gewalt.

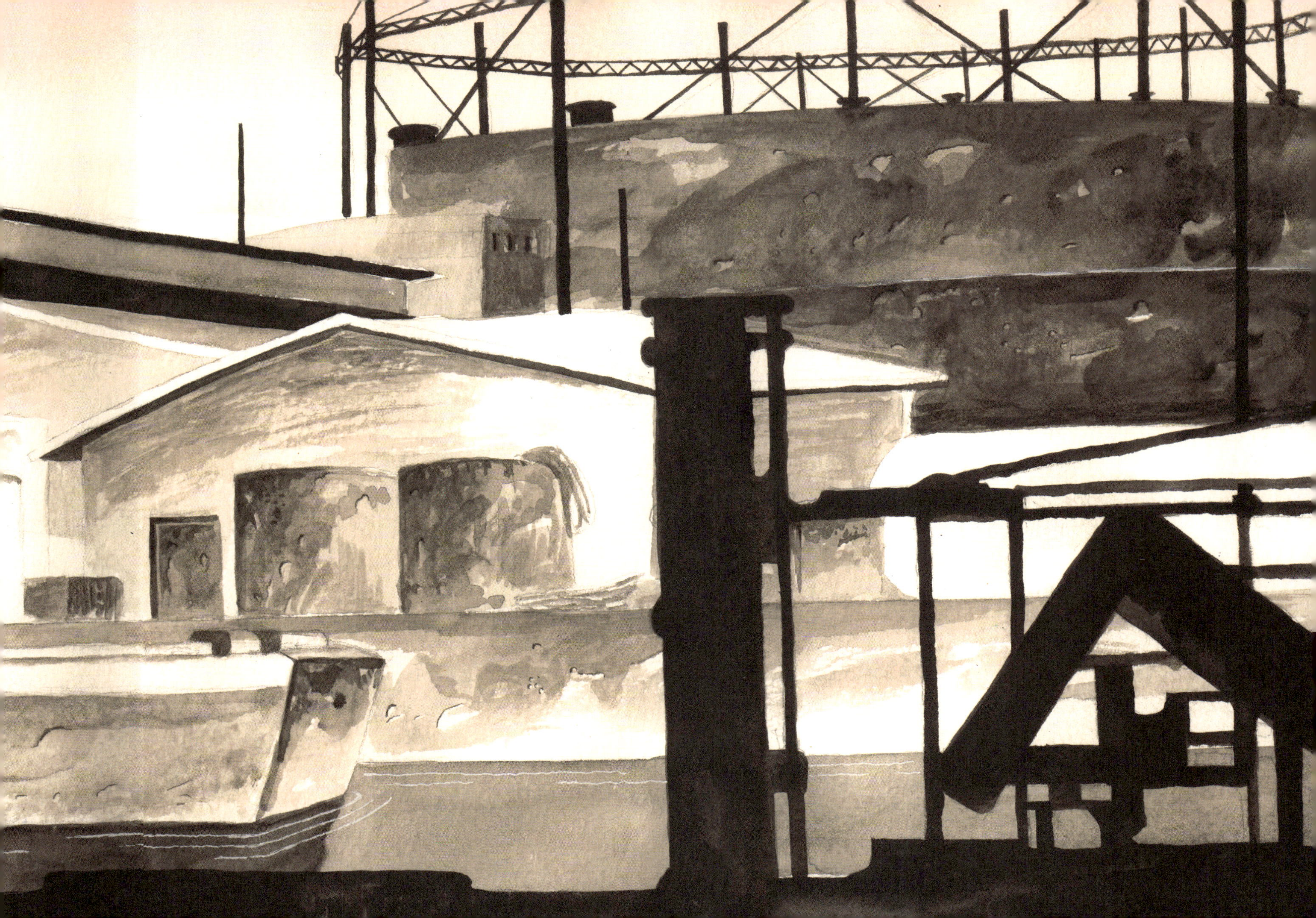

Als am Ende des Kriegs die Amerikaner an Land gingen, glaubten die Küstenbewohner, sie seien keine Menschen, sondern weiße Dämonen. Ehe sie sich von ihnen fangen ließen, stürzten sie sich lieber von den Klippen.
Tragische Ereignisse, die viel über Glauben und Aberglauben erzählen.
In Japan hielt man den traditionellen spirituellen Glauben lebendig, in dem Shamanentum, Shintoismus und Buddhismus zusammenfließen.
Während meiner ersten Aufenthalte begann ich mich für alte Rituale zu interessieren. Unterwegs stieß ich häufig auf steinerne Kultfiguren, die sowohl in der Großstadt als auch am Rande der Landstraßen standen.

DER
GEIST DES TIGERS

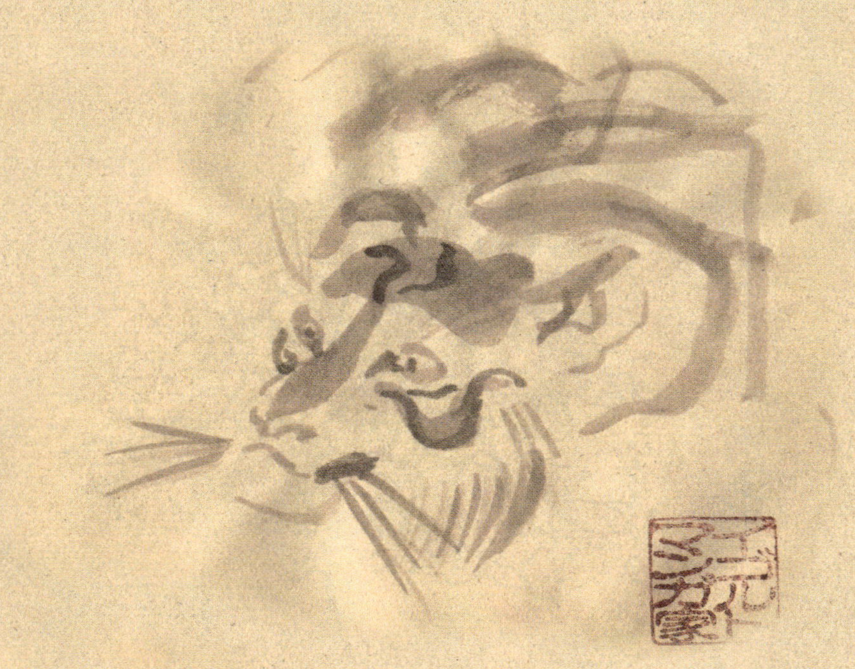

In Japan gilt die Natur als Reich des Übernatürlichen, sie ist der Ort, wo spirituelle Wesen leben, gute und bösartige.

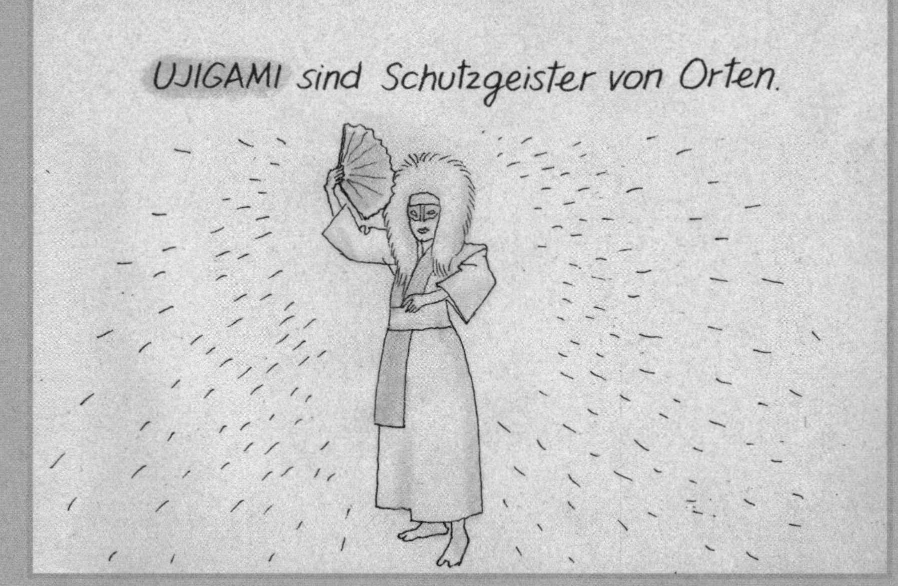

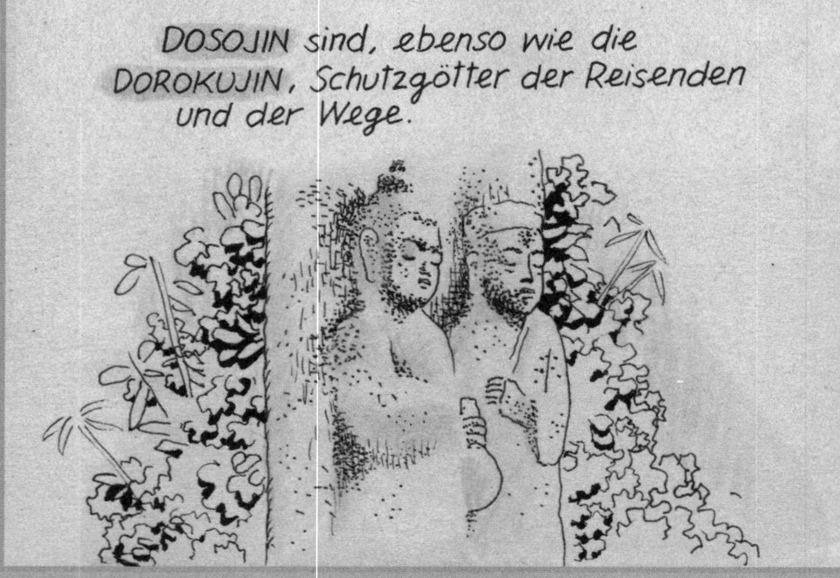

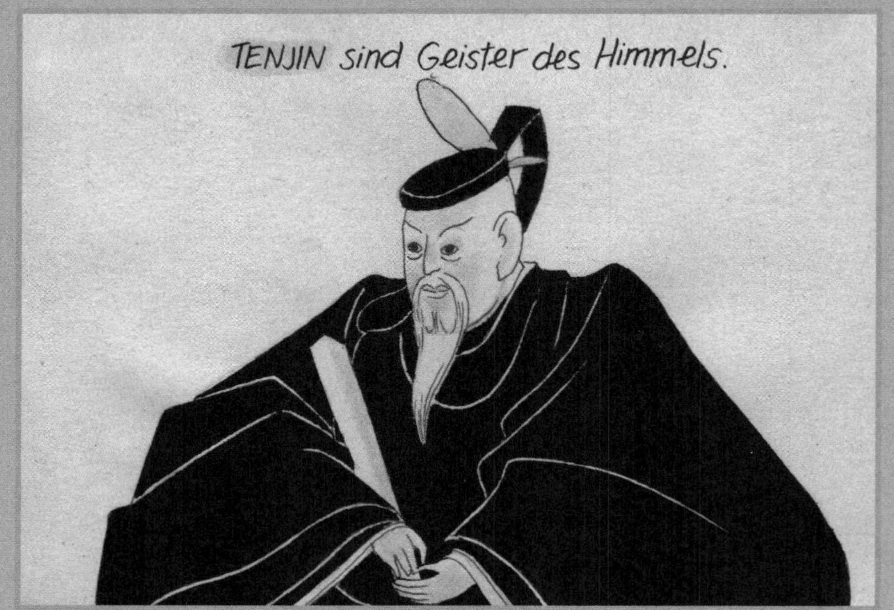

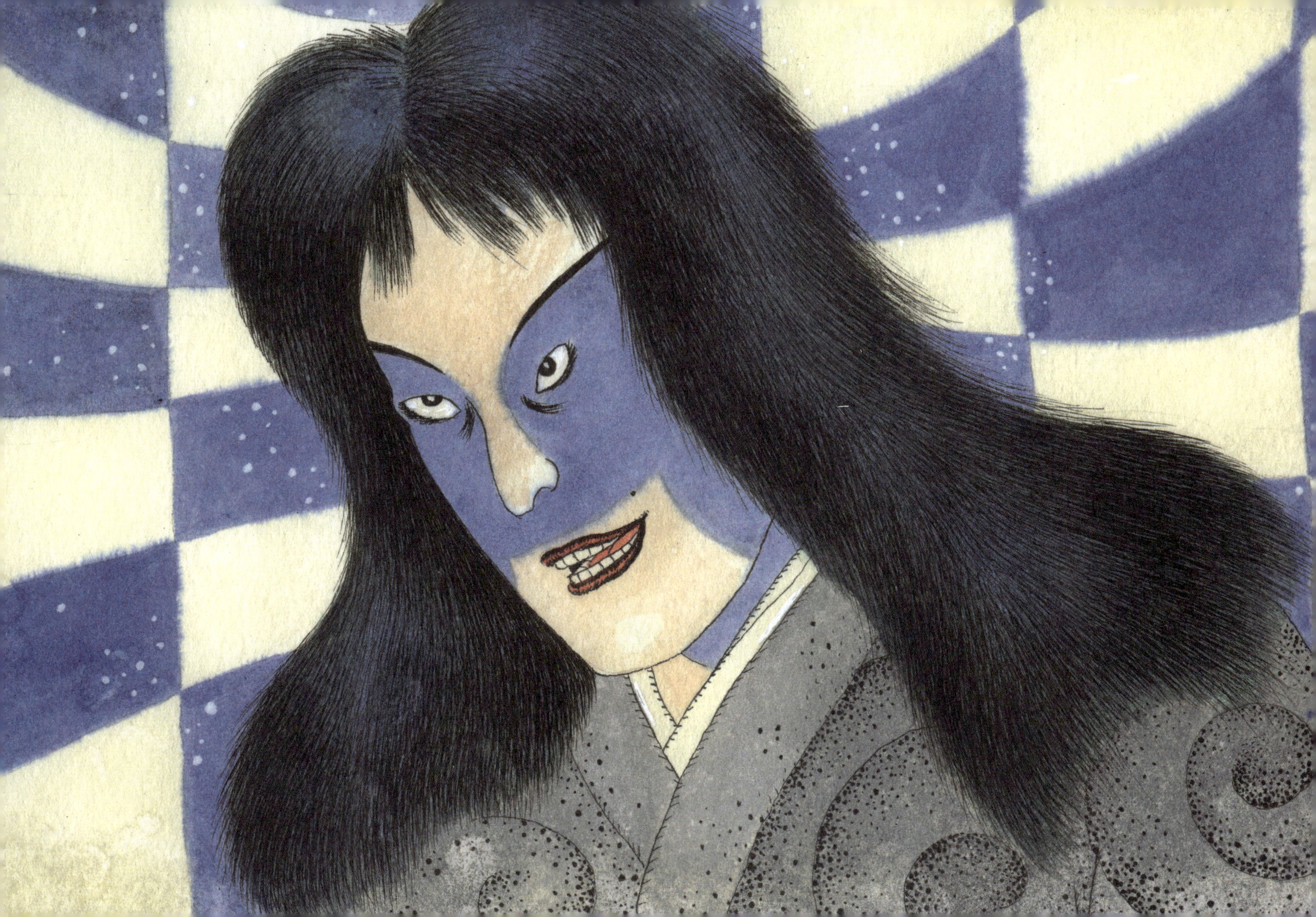

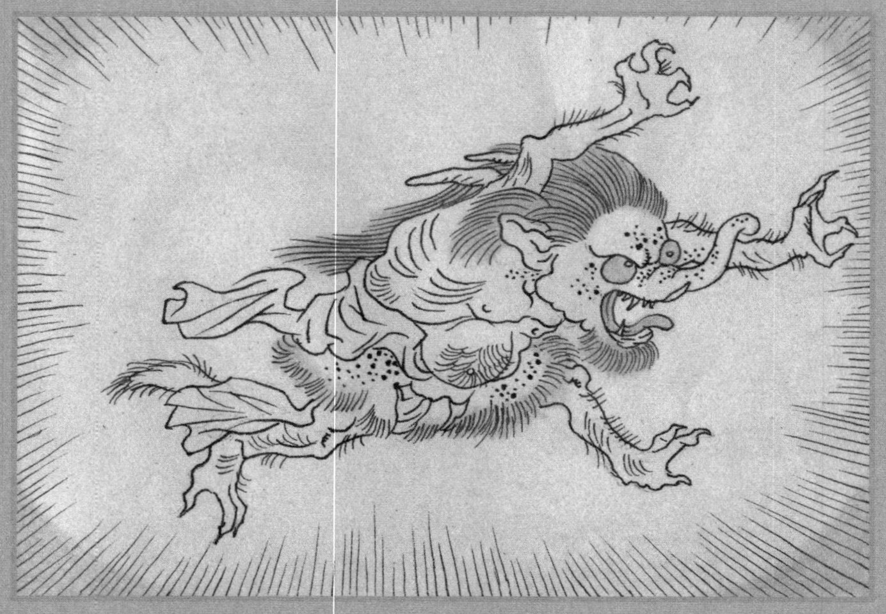

YOKAI gelten als Dämonen, doch sie sind nicht unbedingt bösartig (auch wenn sie die Menschen zu Tode erschrecken). YOKAI leben in einer Dimension zwischen spiritueller und materieller Welt und treten häufig in Kontakt mit den Menschen.

Dann gibt es noch die YURAI, gequälte Seelen von Opfern eines gewaltsamen Todes beispielsweise. Man sollte sie mit Gelübden und Gebeten besänftigen, da sie einen ansonsten mit Zauber und Verwünschungen belegen können.

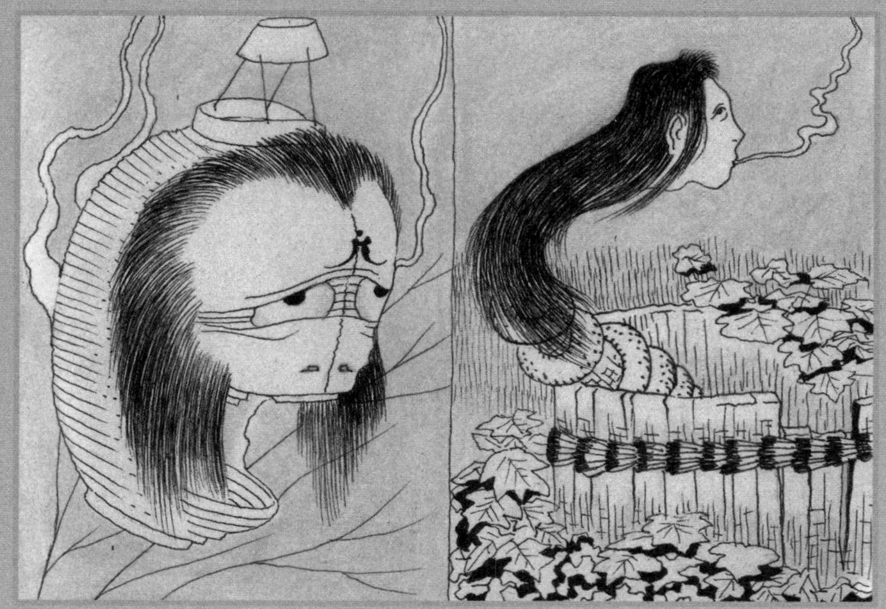

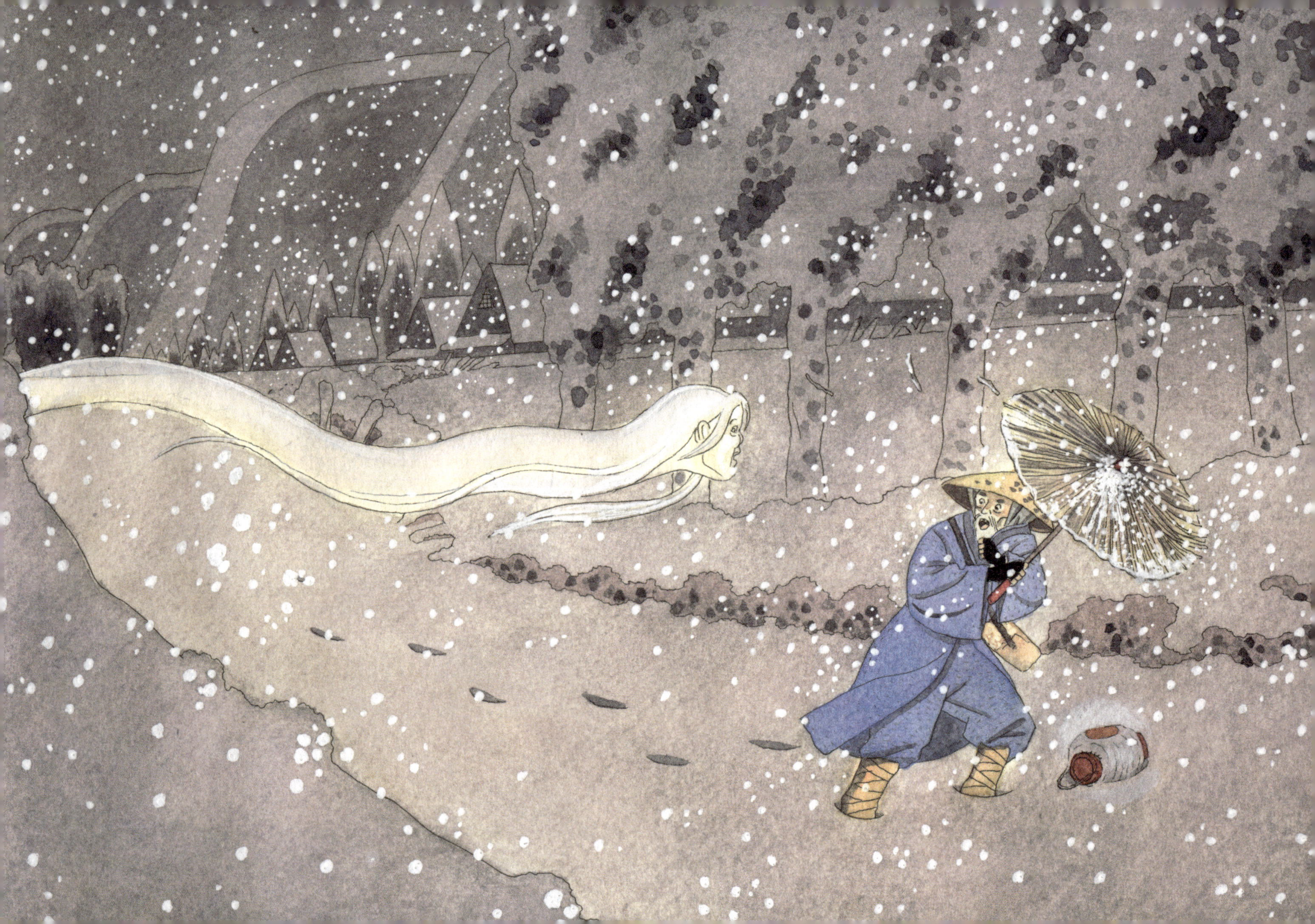

Nicht zu vergessen die MIZUKO, Geister von Kindern, die sehr früh gestorben sind oder nie das Licht der Welt erblickt haben.
MIZUKO können verantwortlich sein für Seuchen und Katastrophen.

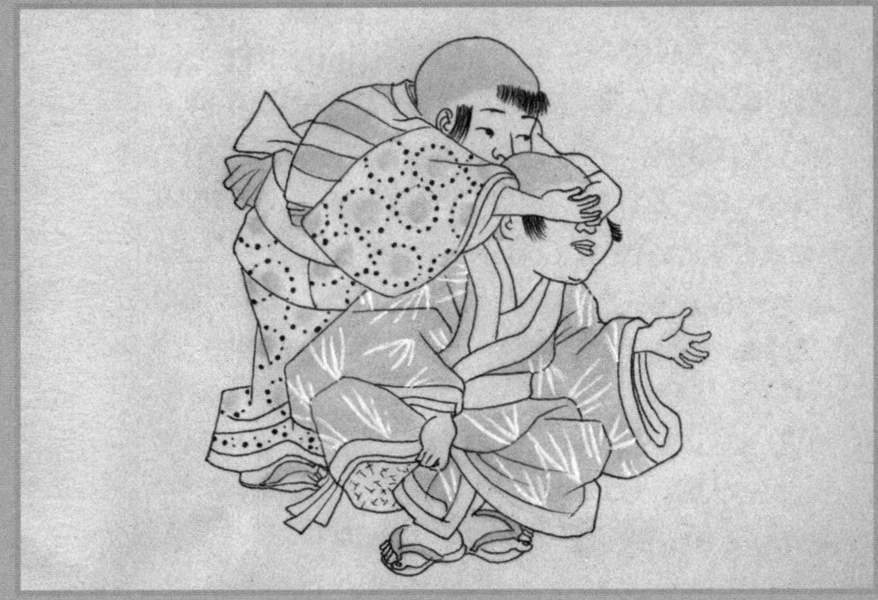

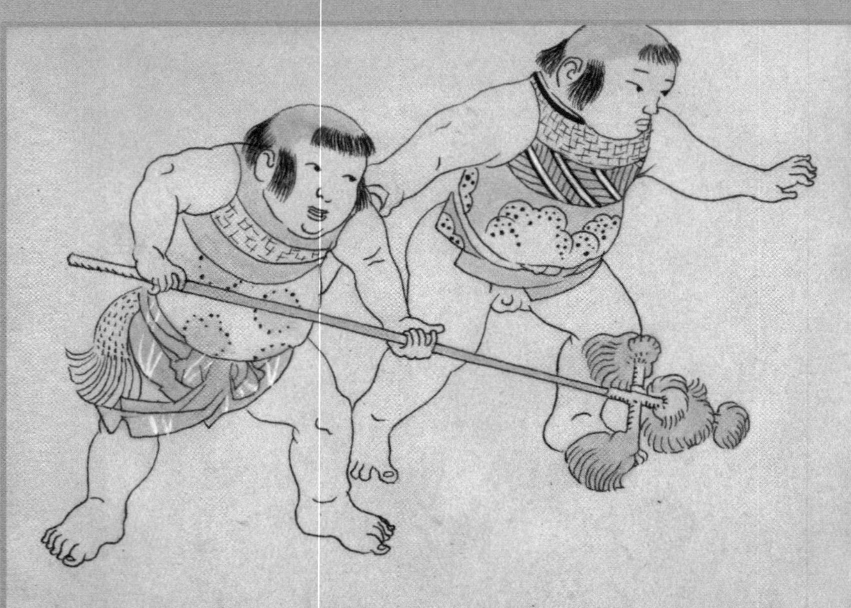

Früher gab es keine Rituale für Kinderseelen. Kindsmord war an der Tagesordnung. Wenn ein Kind in einer armen Familie zur Welt kam, wurde es umgebracht, und sein Geist wurde dem Bodhisattwa JIZO anvertraut.
Er sollte für eine Wiedergeburt unter günstigeren Umständen sorgen.
Die Kinder wurden nicht einmal bestattet.

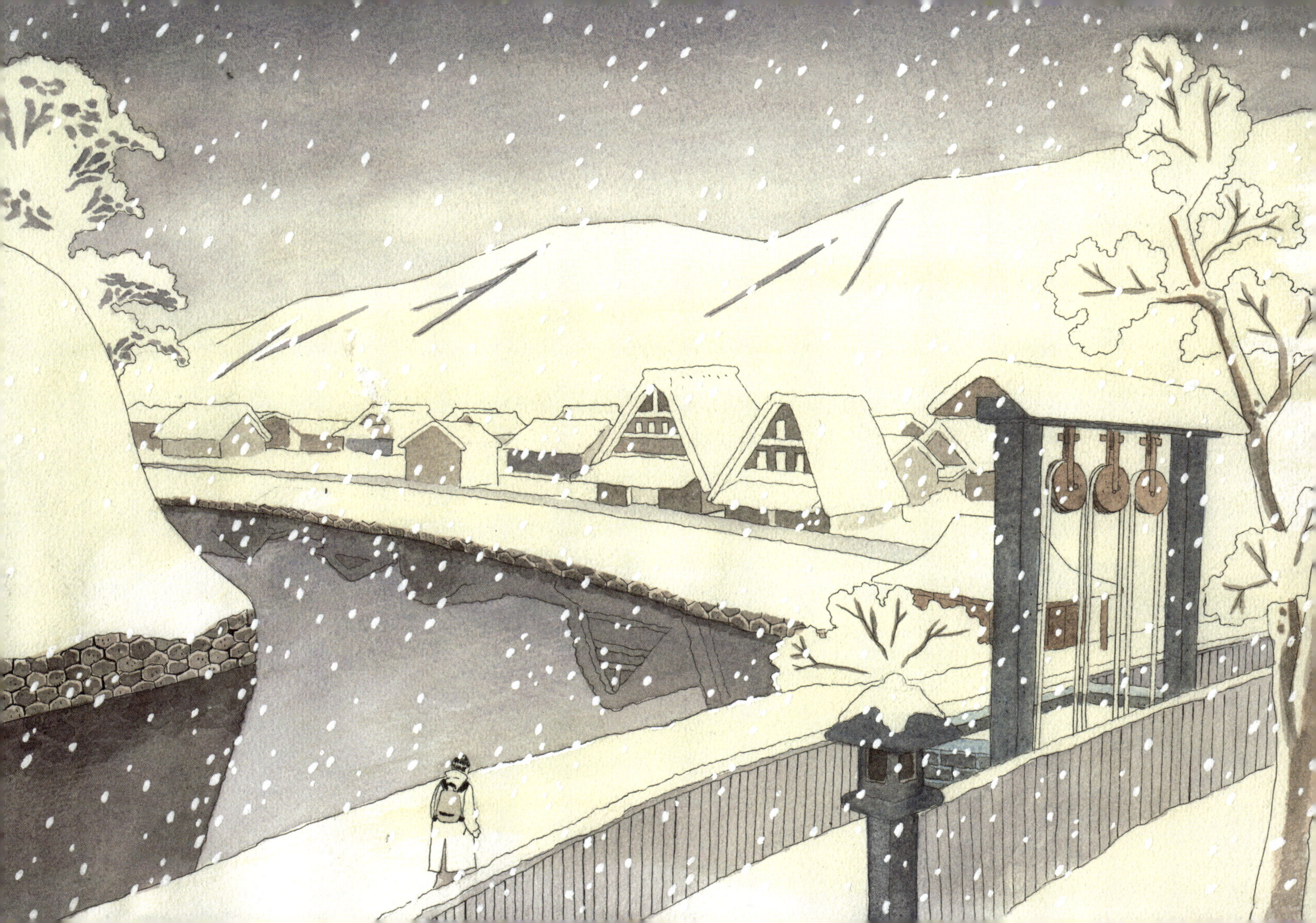

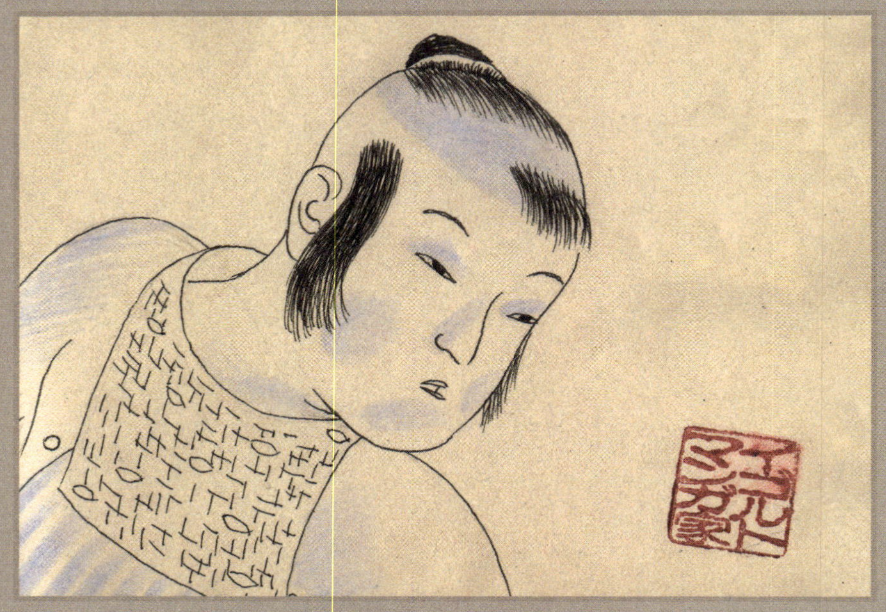

In der MEIJI-Zeit (1868-1912) änderte sich das. Das Regime propagierte, dass Kinder zum Wohl des Vaterlands in die Welt zu setzen waren. So bezeugte man seine Loyalität dem Kaiser gegenüber. Dadurch kam es praktisch nicht mehr zu Schwangerschaftsabbrüchen.

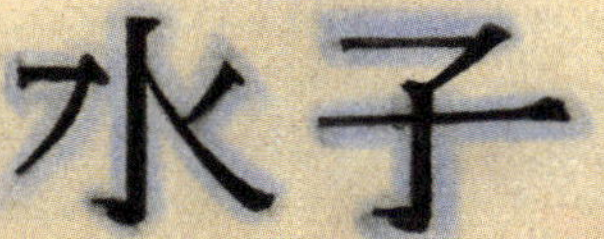

M I Z U K O

Durch die neue Maxime änderte sich die Haltung toten Kindern gegenüber vollkommen. Während früher die Erinnerung mit dem Kind verschwand, als hätte es nie existiert, wurde es nun flüchtige, traurige Gegenwart. Ein Sinnbild großer Einsamkeit. Das vorher nicht gebräuchliche Wort MIZUKO bedeutet

WASSERKIND

Dieses Geschöpf, das der flüssigen Natur angehört und nie Fleisch werden konnte, ist ein geisterhaftes Wesen.

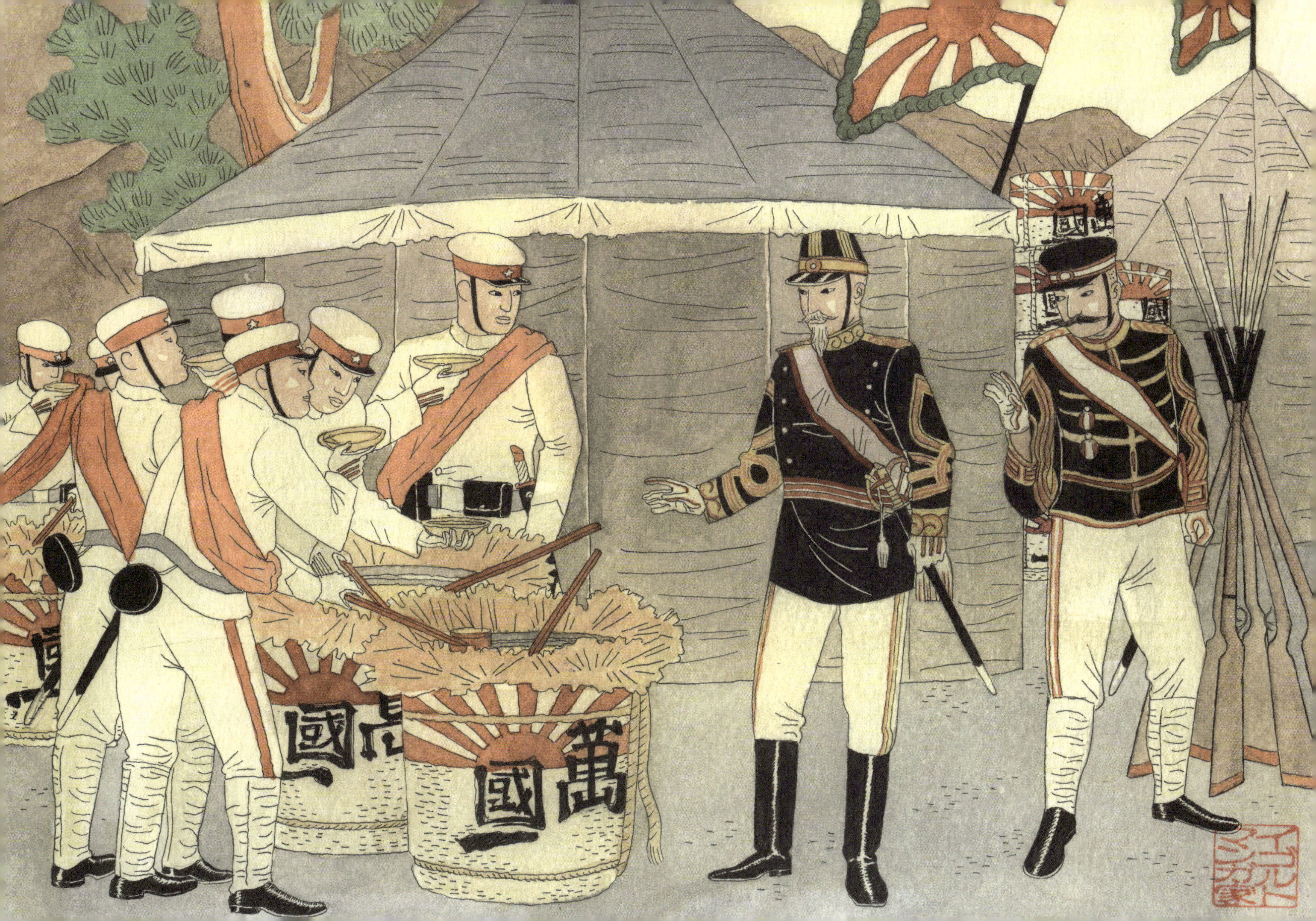
萬國

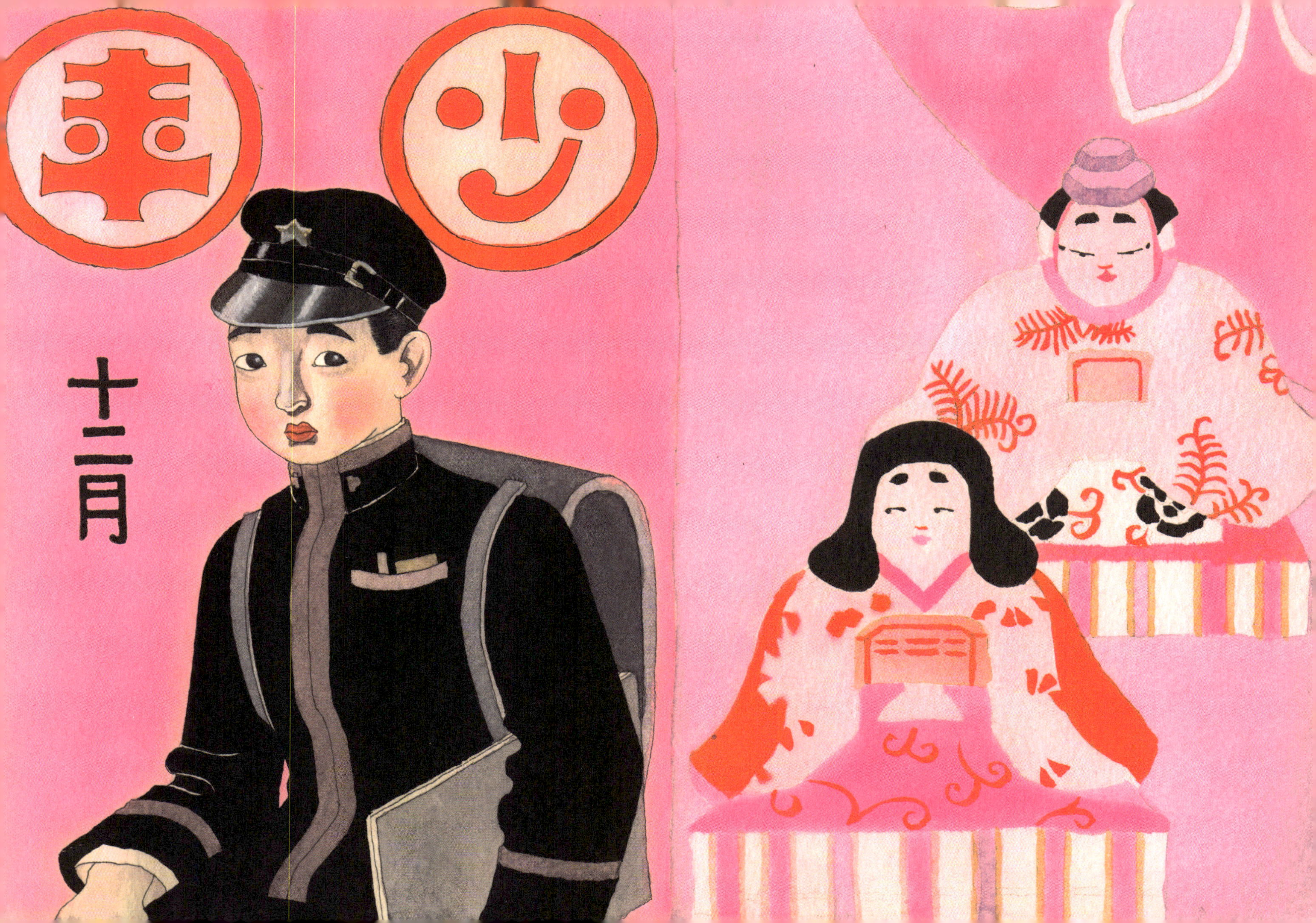
少年
十二月

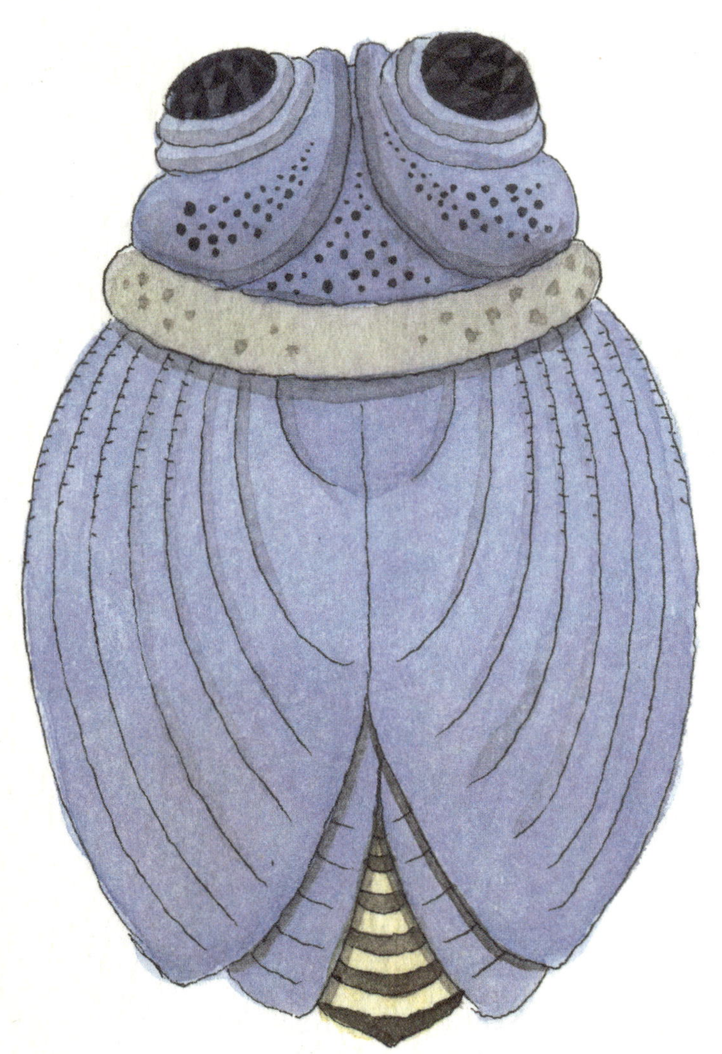

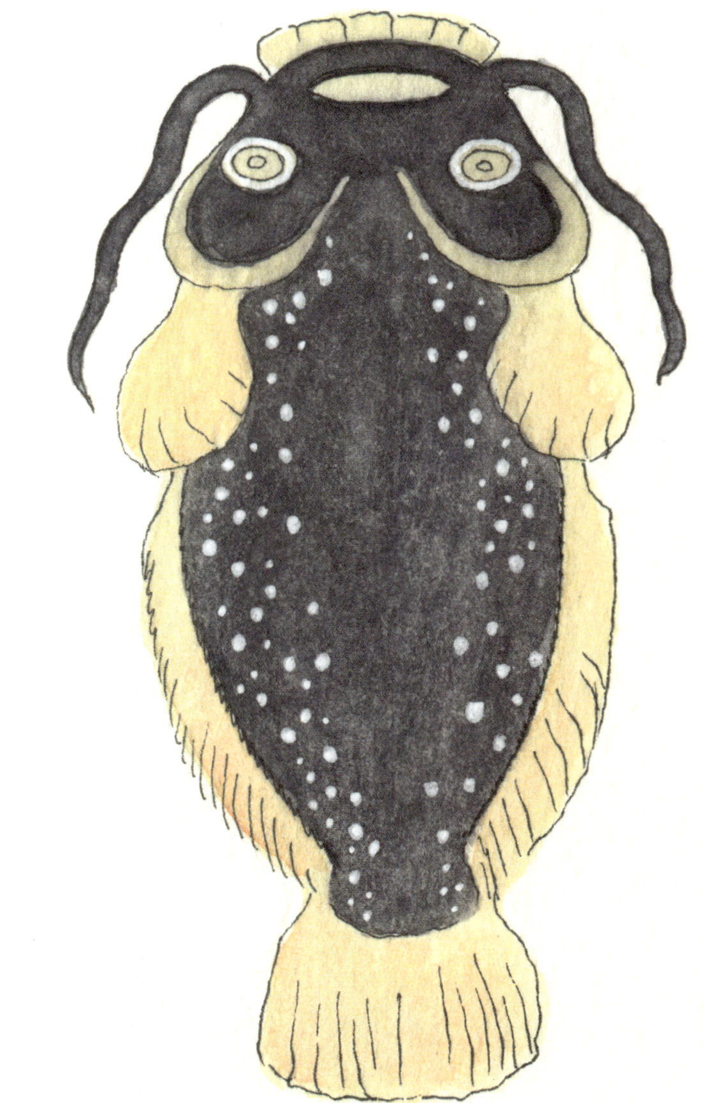

MUSIC
FOR
JAPANESE
AMBIENTS

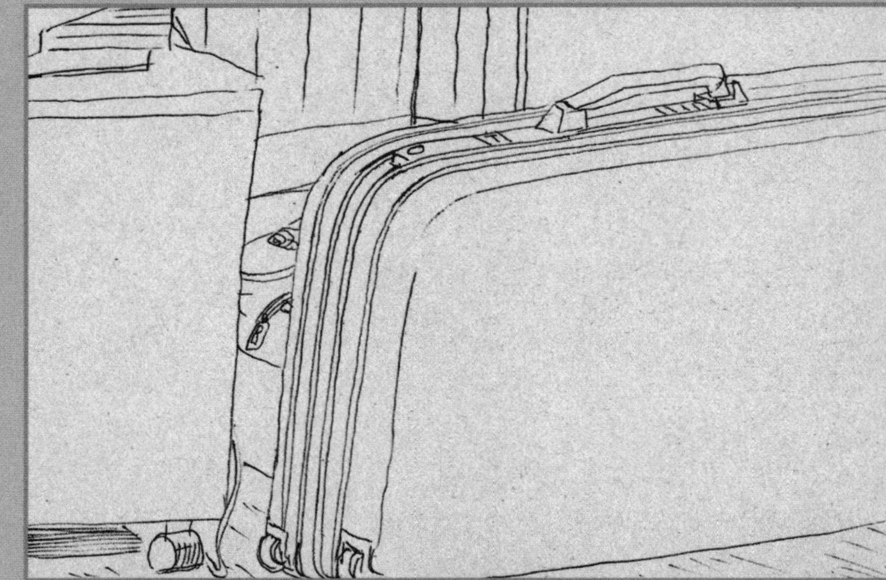

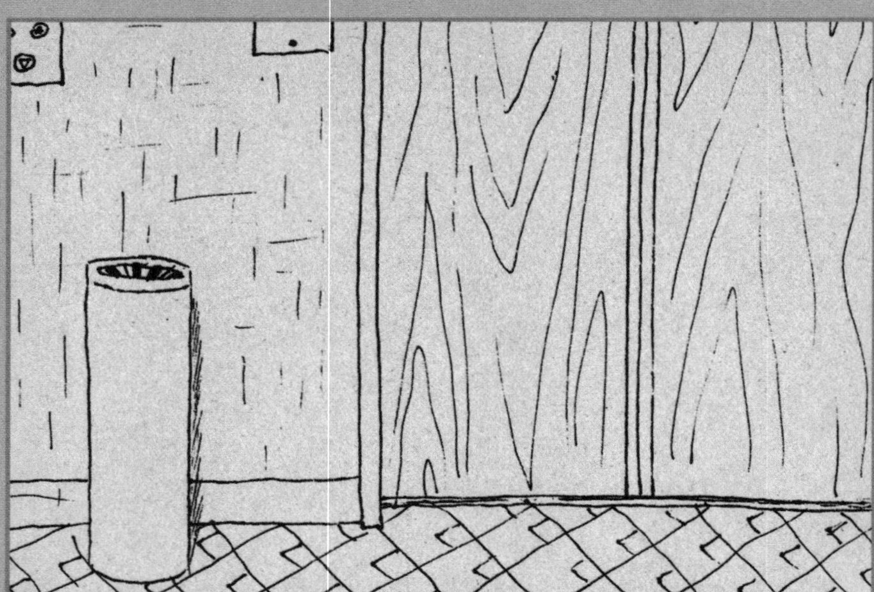

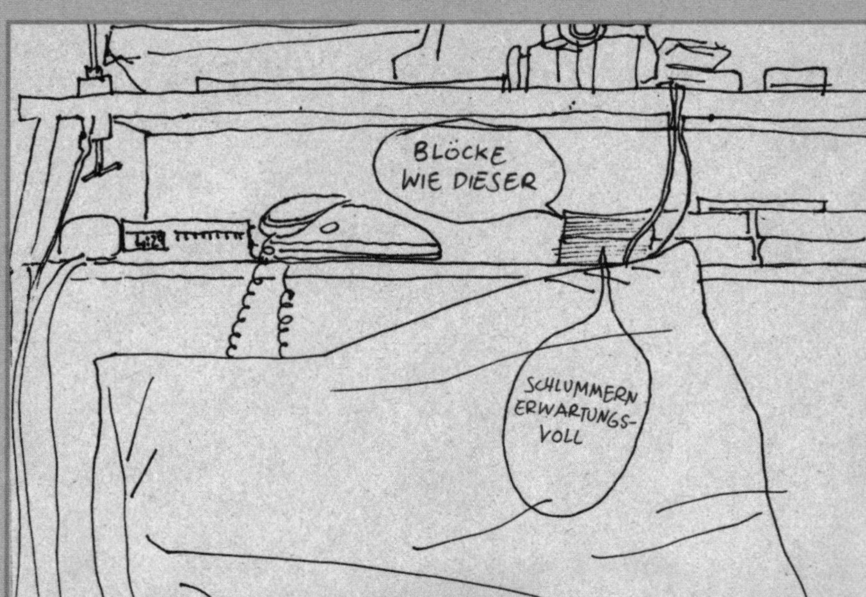

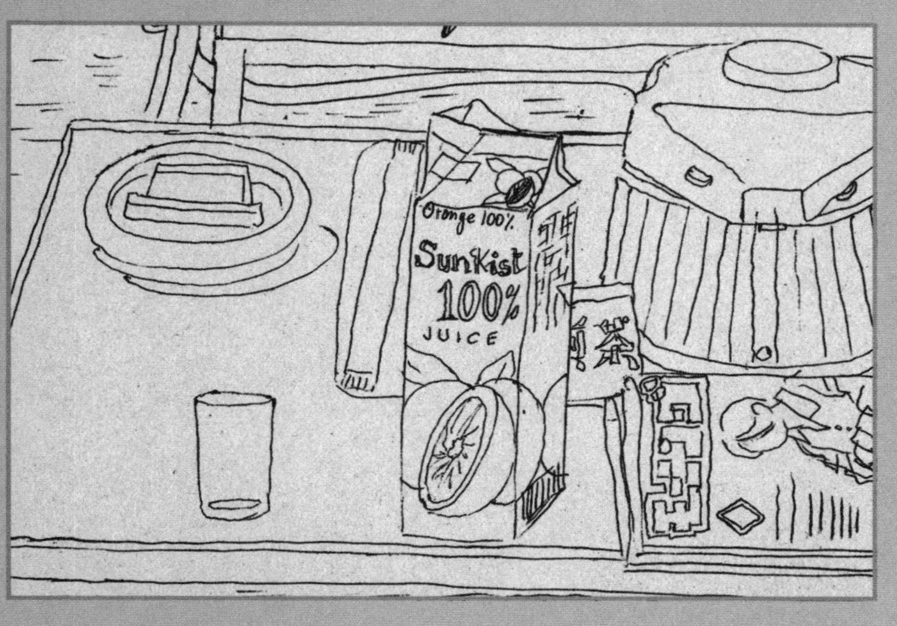
Orange 100%
Sunkist
100%
JUICE

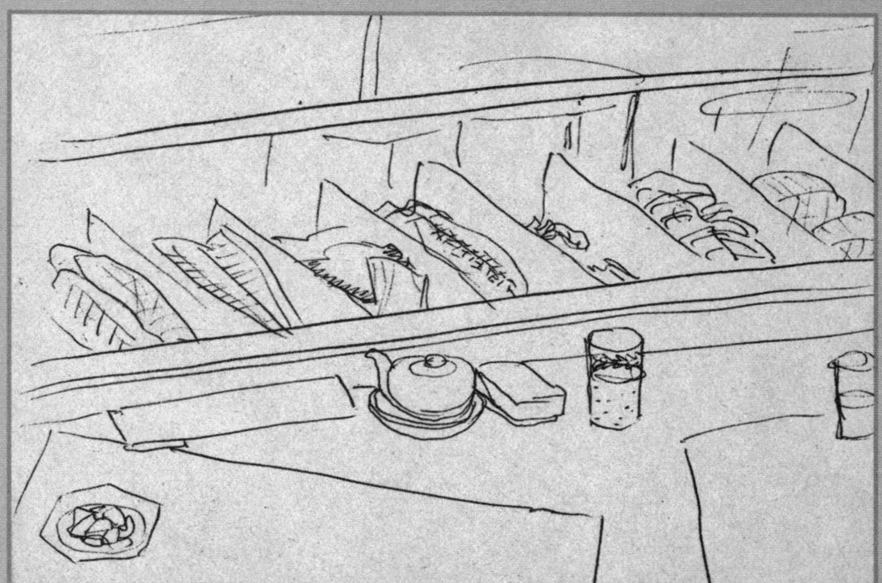

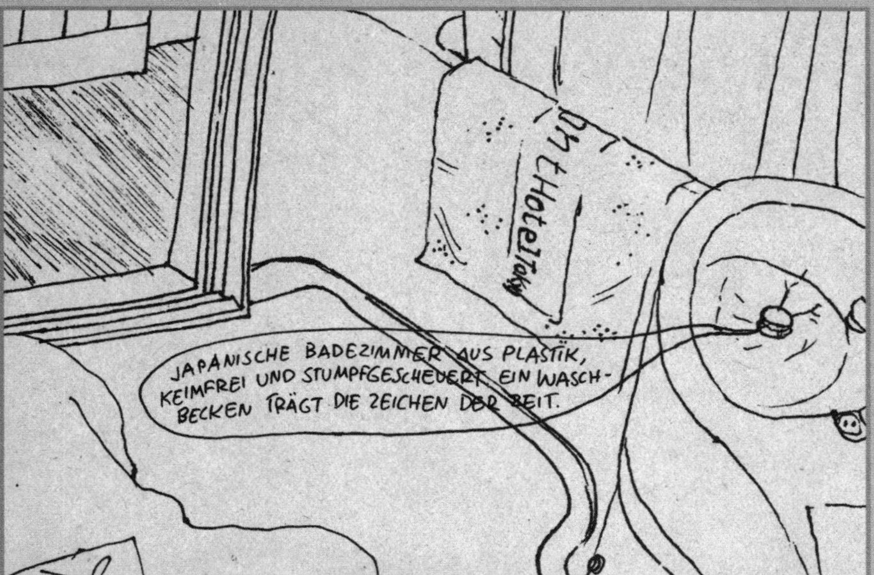
JAPANISCHE BADEZIMMER AUS PLASTIK, KEIMFREI UND STUMPFGESCHEUERT. EIN WASCH-BECKEN TRÄGT DIE ZEICHEN DER ZEIT.

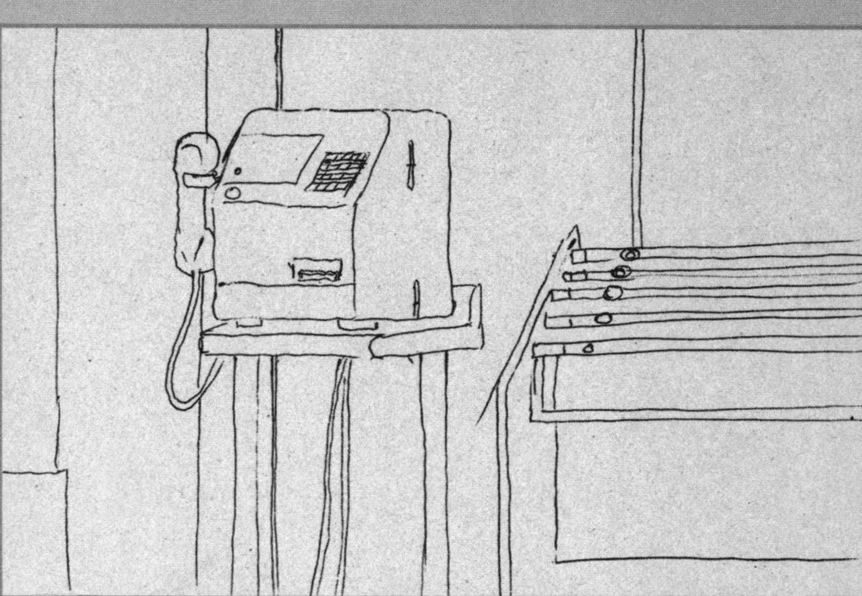

Japan veränderte sich rasant. Dreißig Jahre ist es nun her, dass ich zum ersten Mal dort war. Schon damals offenbarten sich die ersten Vorboten einer unglaublichen Zukunft. In wenigen Jahren waren die ehemals nahezu unbekannten Begriffe ANIME (von Animation) und MANGA (Comics) plötzlich ganz vertraut. Die Geschichten füllten Tausende von Seiten, von westlichen Kritikern Bilderepen genannt. Verblüfft hatten sie die Invasion des Anime, des Zeichentrickfilms, mitverfolgt: Sie sahen sich die Sagen der mehr schlecht als recht gezeichneten gigantischen Roboter an und verstanden sie nicht. Als sie auch noch feststellen mussten, dass ihre Kinder sie nicht nur verstanden, sondern auch noch jeder neuen Folge entgegenfieberten, war ihre Enttäuschung perfekt.
Ich glaube, damals hat sich für die westliche Kultur etwas Grundlegendes für immer verändert.

TOKYO BLUES

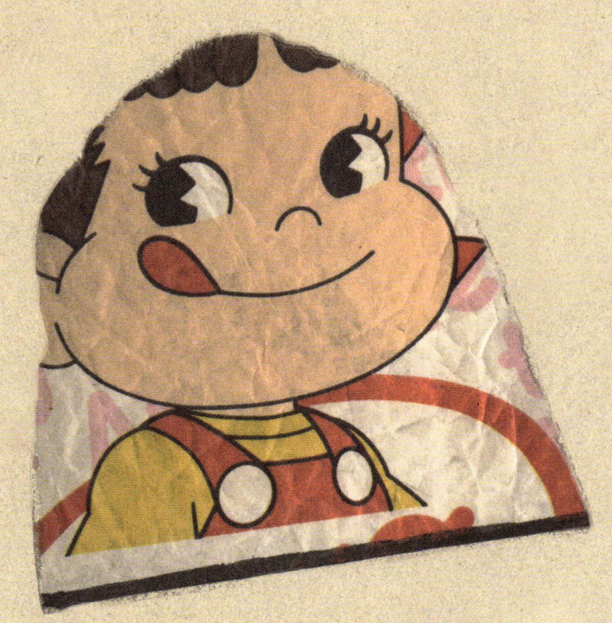

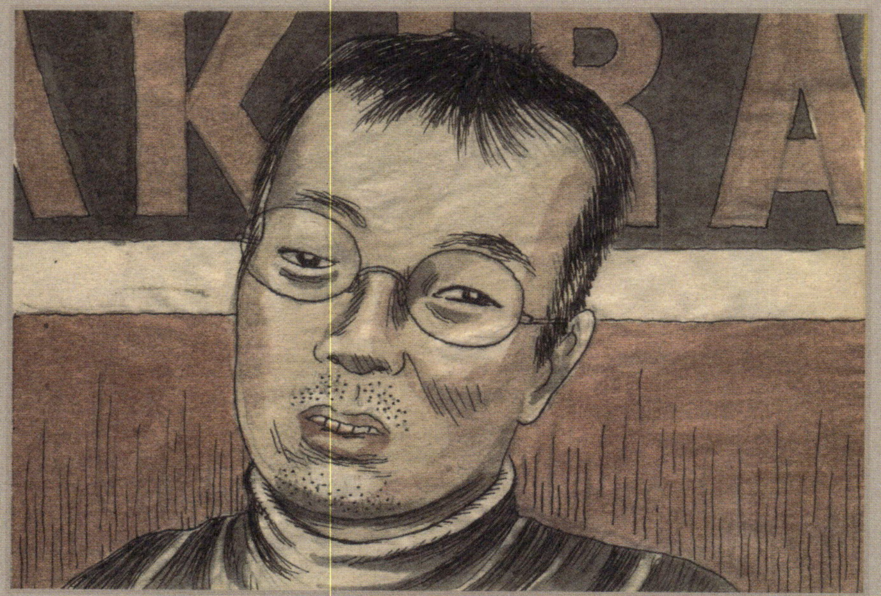

1994
TOKIO – HOTEL AKASAKA PRINCE

Ein Wiedersehen mit Katsuhiro Otomo, den ich zwei Jahre zuvor auf der Messe in Bologna getroffen hatte. Seine Comicreihe AKIRA war gerade erschienen, und er musste ständig Interviews geben und an Veranstaltungen teilnehmen. Heute ist er entspannter, er denkt über das Kino nach. Er wirkt auf mich, als seien Comics nur noch eine ferne Erinnerung für ihn.

Ich bin in Begleitung von YUKA, einer gemeinsamen Freundin, die bei Kodansha, unserem Verlag, arbeitet. Sie erzählt ihm, dass ich in Tokio bin, um für die Abteilung 7 eine Comicserie zu zeichnen. Otomo wünscht mir „Hals- und Beinbruch" und erzählt mir von seinem neuen Projekt, einem Zeichentrickfilm, an dem er gerade arbeitet.

Grenzgänger

Seine visionäre Intelligenz verblüfft mich. Während ich ihm zuhöre, muss ich an SAKAMOTO denken. Wie Ryuichi Sakamoto (Avantgarde-Musiker und wahrer Intellektueller) ist auch er ein Grenzgänger, der sowohl den Orient als auch den Okzident erreicht.

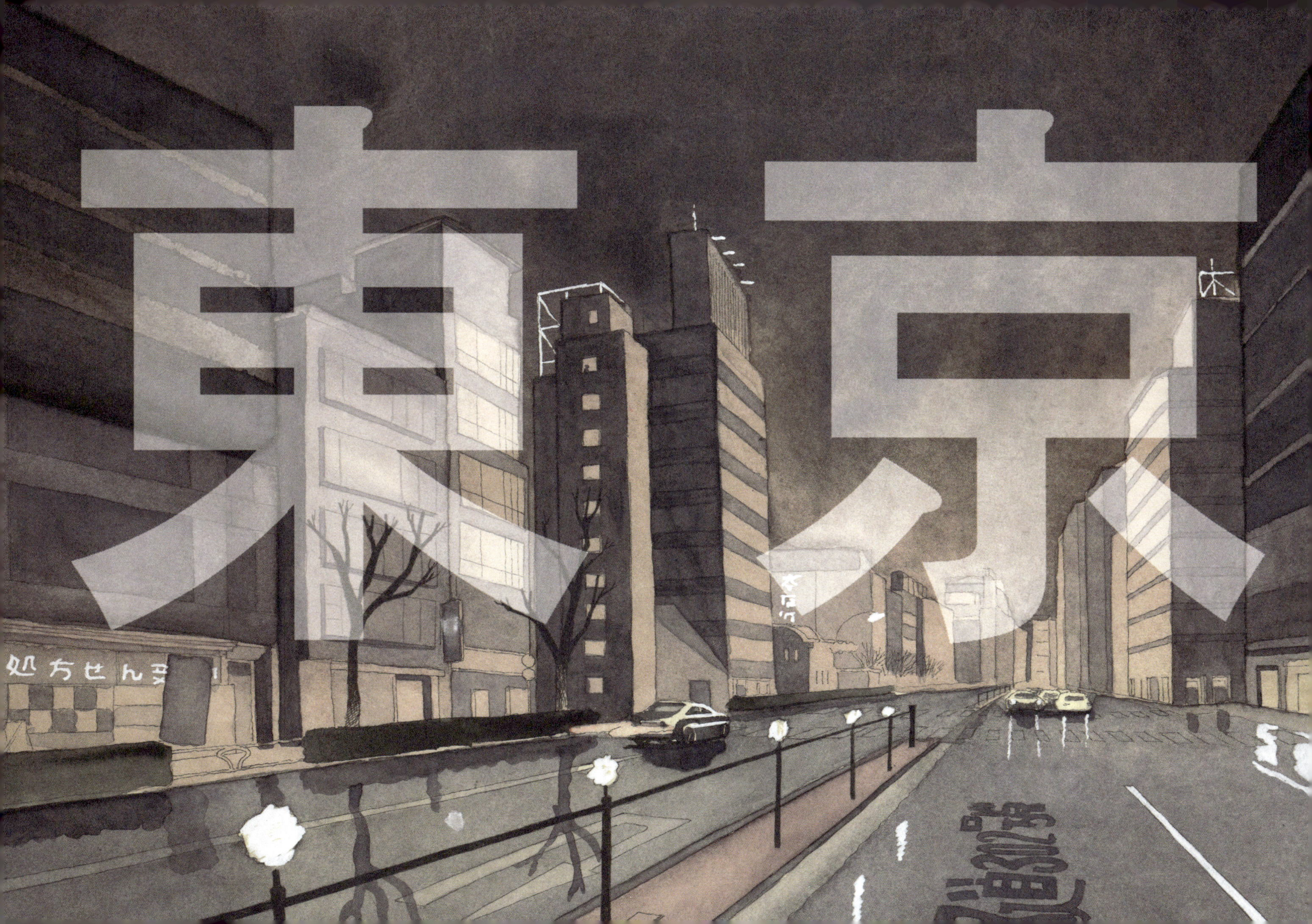
東京
処方せん

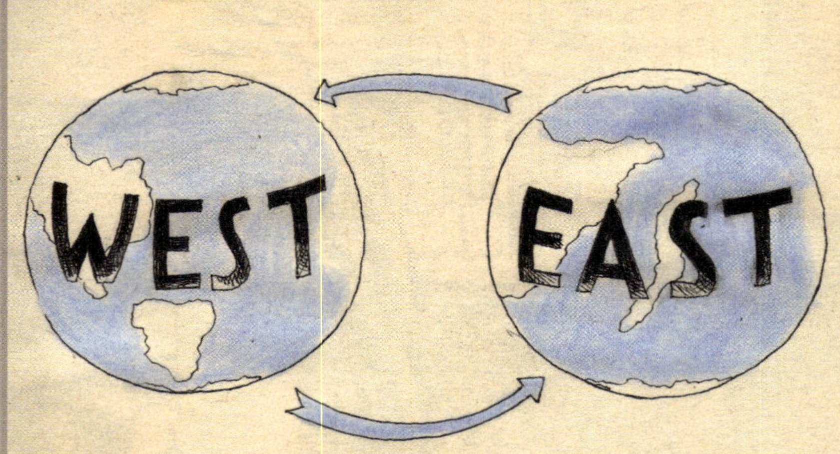

Ein Ausnahmekünstler, der diese beiden endlos voneinander entfernt scheinenden Sphären gleichermaßen anspricht.

Ich erzähle ihm, dass wir denselben Redakteur haben: TAMIYA-SAN.
Er lächelt.
Es herrscht Galastimmung: An jenem Abend wurden die besten Kodansha-Autoren prämiert und hielten auf der Bühne ihre Dankesreden.
Der Konferenzraum des riesigen Hotels bietet Platz für ca. 600 Gäste.

Wir plaudern noch ein wenig, ich sage ihm, dass ich die beiden Bände mit den STORYBOARDS für die Verfilmung von AKIRA gesehen habe, die er in seinem Studio umgesetzt hat.
Die Sorgfalt und Präzision der Zeichnungen haben mich sehr beeindruckt.
Schüchtern dankt er mir.

Er fragt: „Hast du die Bücher?"
„Leider nicht, man kann sie nirgends mehr bekommen."

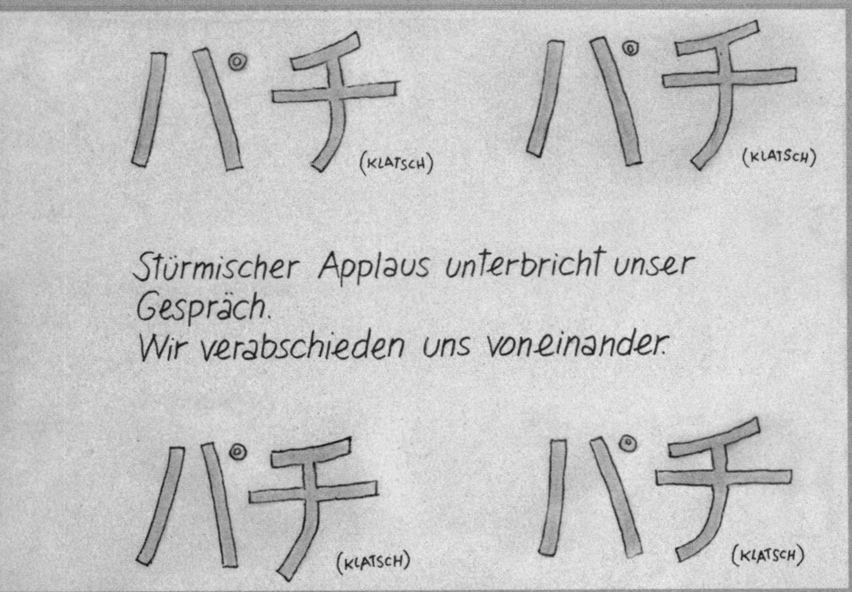

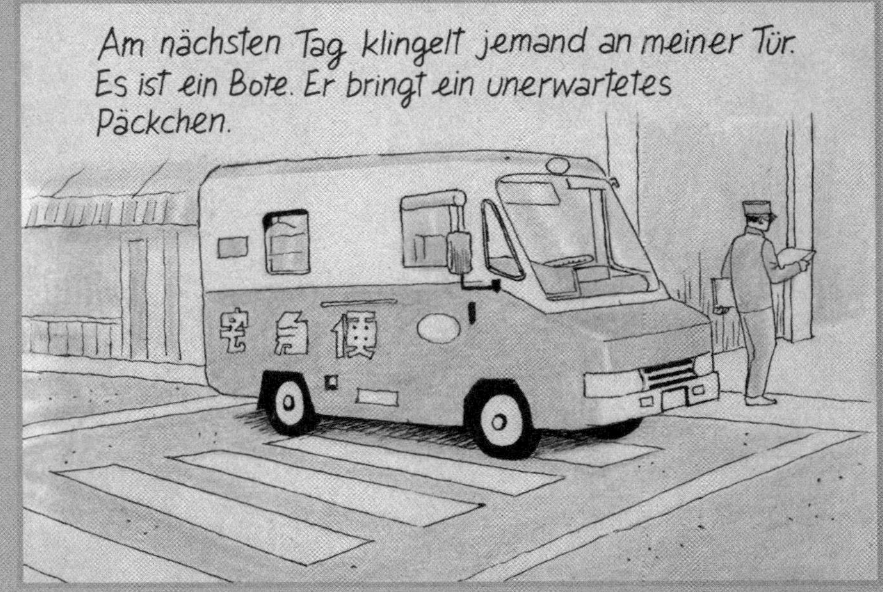

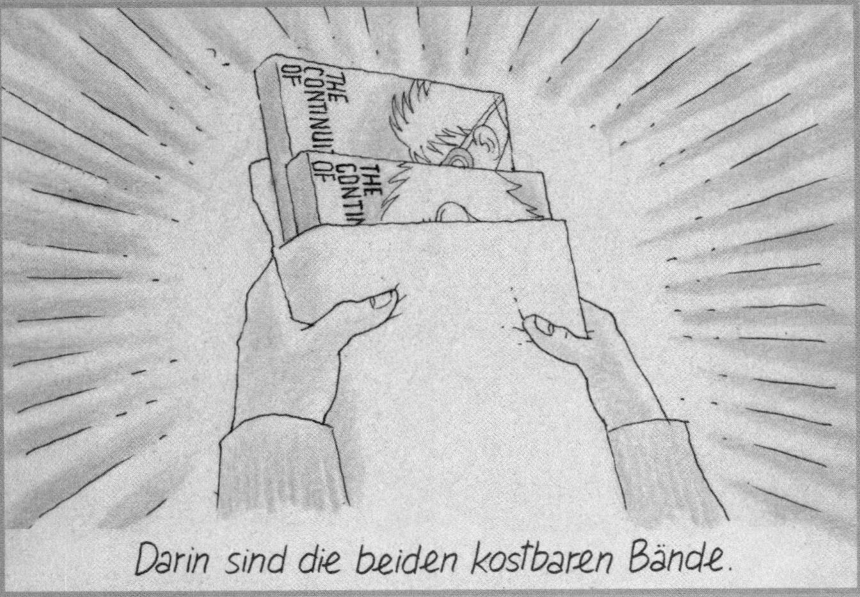

Als ich mit Yuka telefoniere, sagt sie mir zutiefst beeindruckt, dass sie direkt aus Katsuhiro Otomos Bibliothek stammen.

(Das hat Stil!)

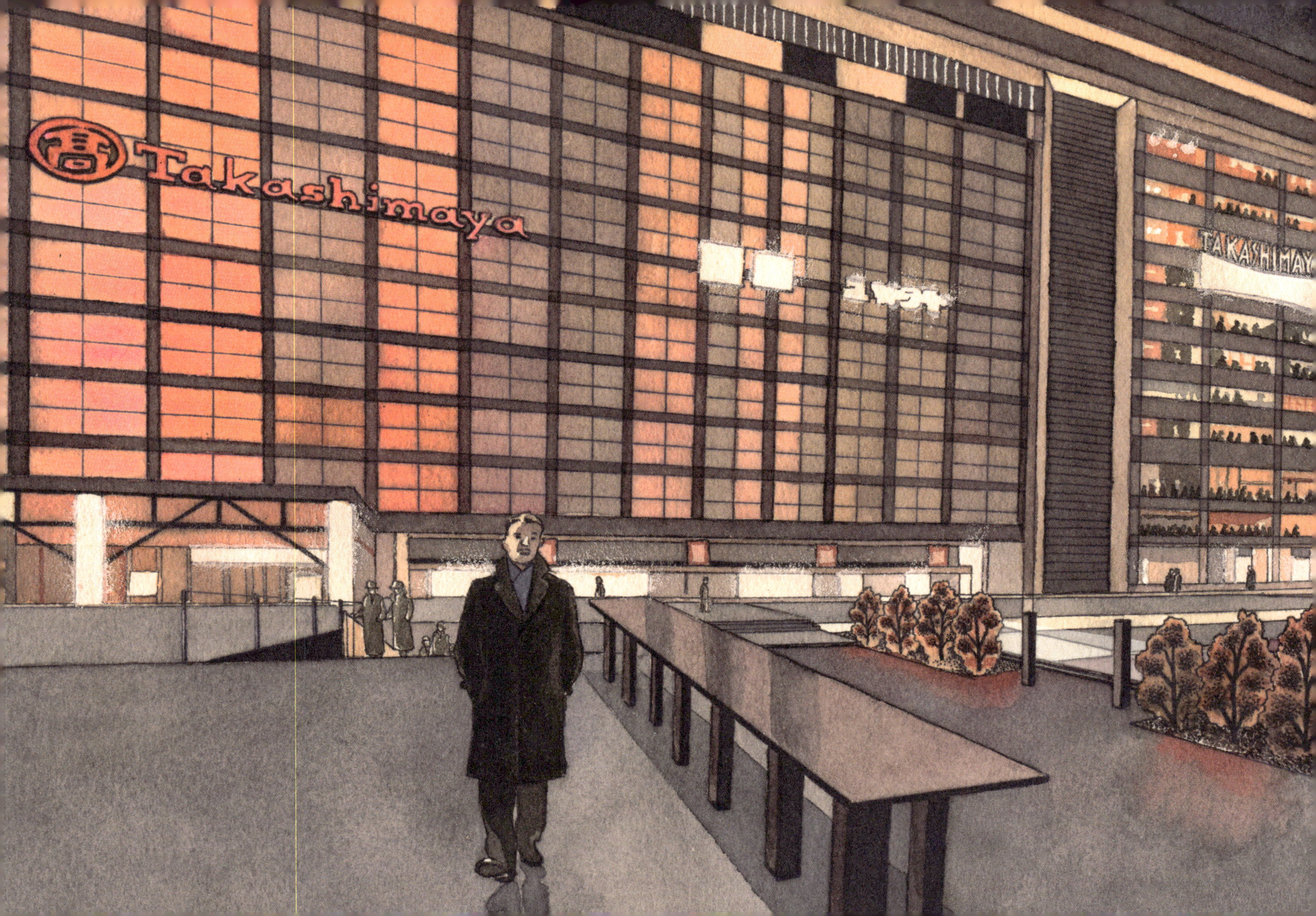

Takashimaya
TAKASHIMAY

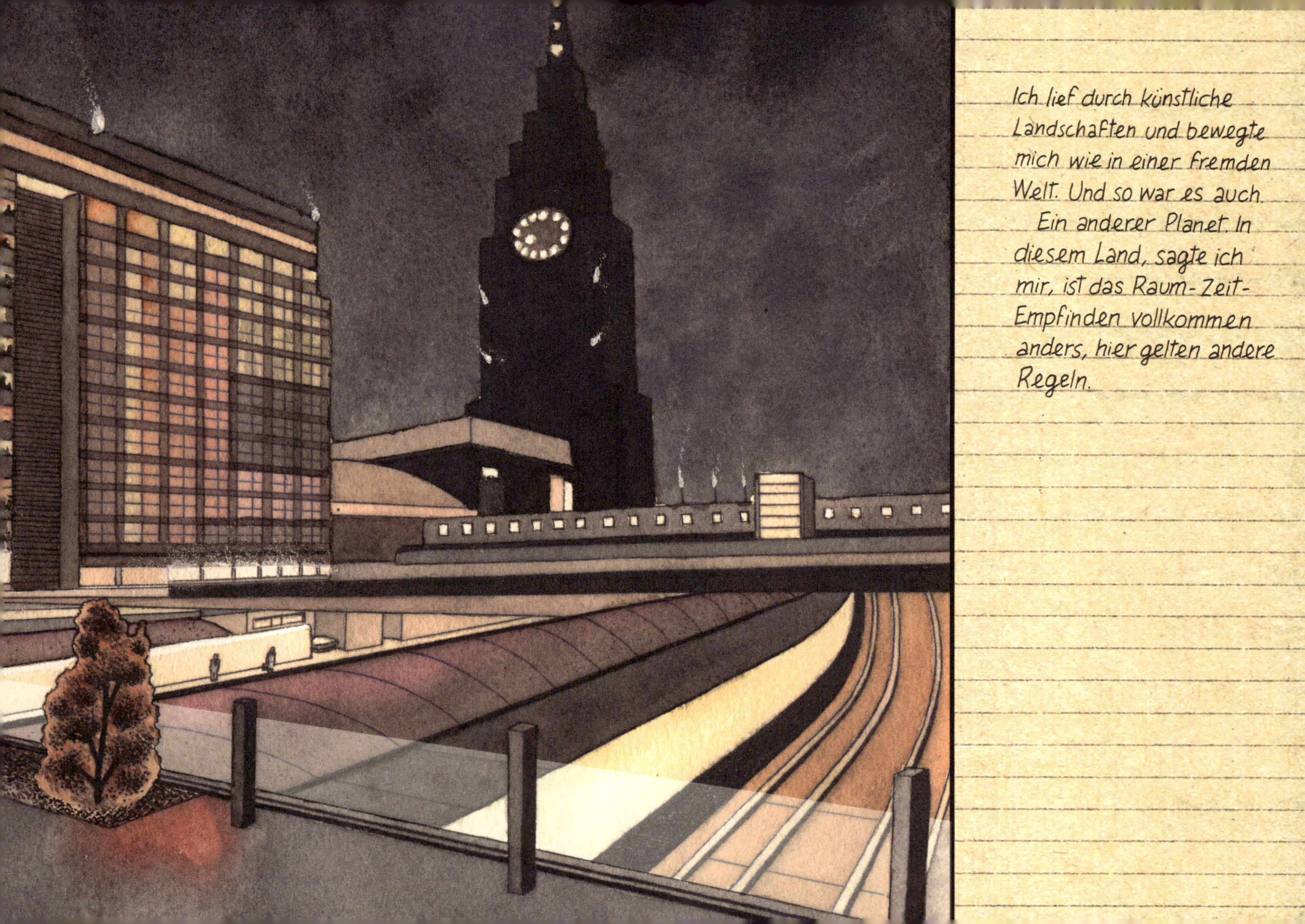

Ich lief durch künstliche Landschaften und bewegte mich wie in einer fremden Welt. Und so war es auch.
Ein anderer Planet. In diesem Land, sagte ich mir, ist das Raum-Zeit-Empfinden vollkommen anders, hier gelten andere Regeln.

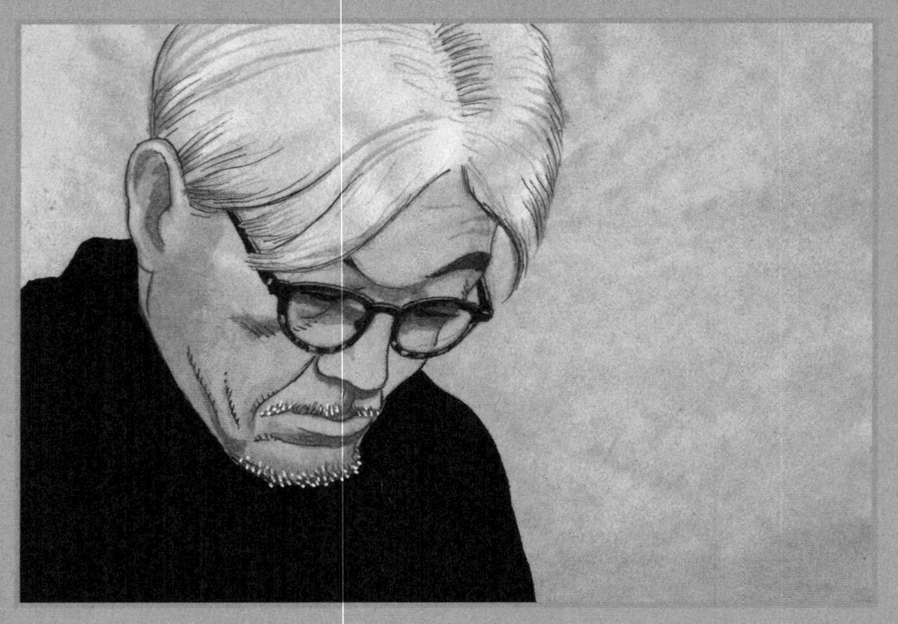

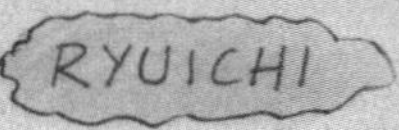

Als er mich zum ersten Mal anrief – es war 1986 an einem Frühlingstag –, hielt ich es zuerst für einen Scherz. Die Stimme am anderen Ende der Leitung behauptete in holprigem Englisch, sie gehöre RYUICHI SAKAMOTO. Ich nahm es nicht ernst. Da wiederholte er: „Hello, my name is Ryuichi Sakamoto, I would like to speak with Mr. Igort."
Seine Hartnäckigkeit weckte meine Zweifel. War er es wirklich?

Das Stimmchen behauptete, einem meiner absoluten Lieblingsmusiker zu gehören. Das Stimmchen behauptete weiter, meine Arbeiten entdeckt zu haben, und fragte mich, ob ich Interesse hätte, einen kurzen Comic in Japan zu veröffentlichen. Die Geschichte könne man, wenn ich nichts dagegen hätte, gemeinsam schreiben.
So lernte ich Ryuichi Sakamoto kennen. Ich besaß alle seine Platten. Und liebte die zarten, schlichten und poetischen Kompositionen, die er gemeinsam mit DAVID SYLVIAN geschaffen hatte.

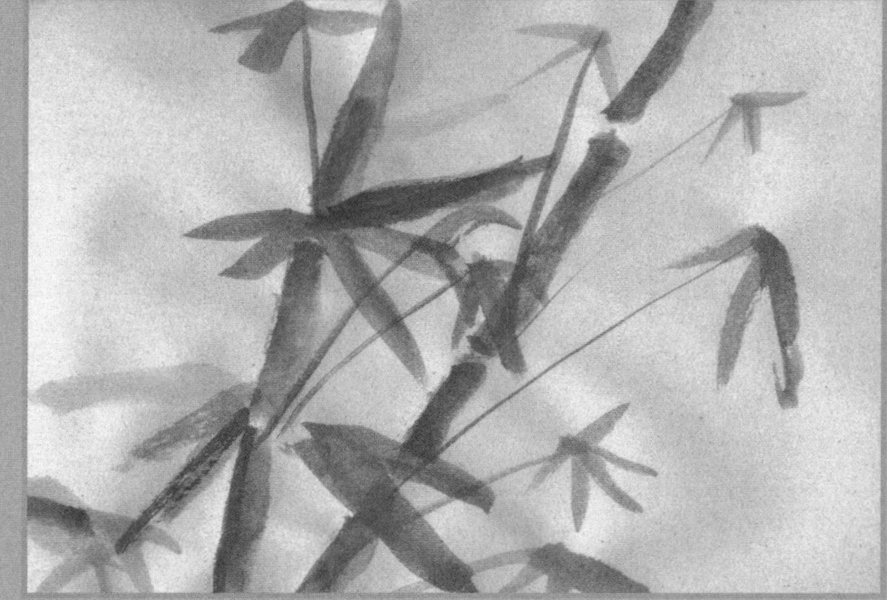

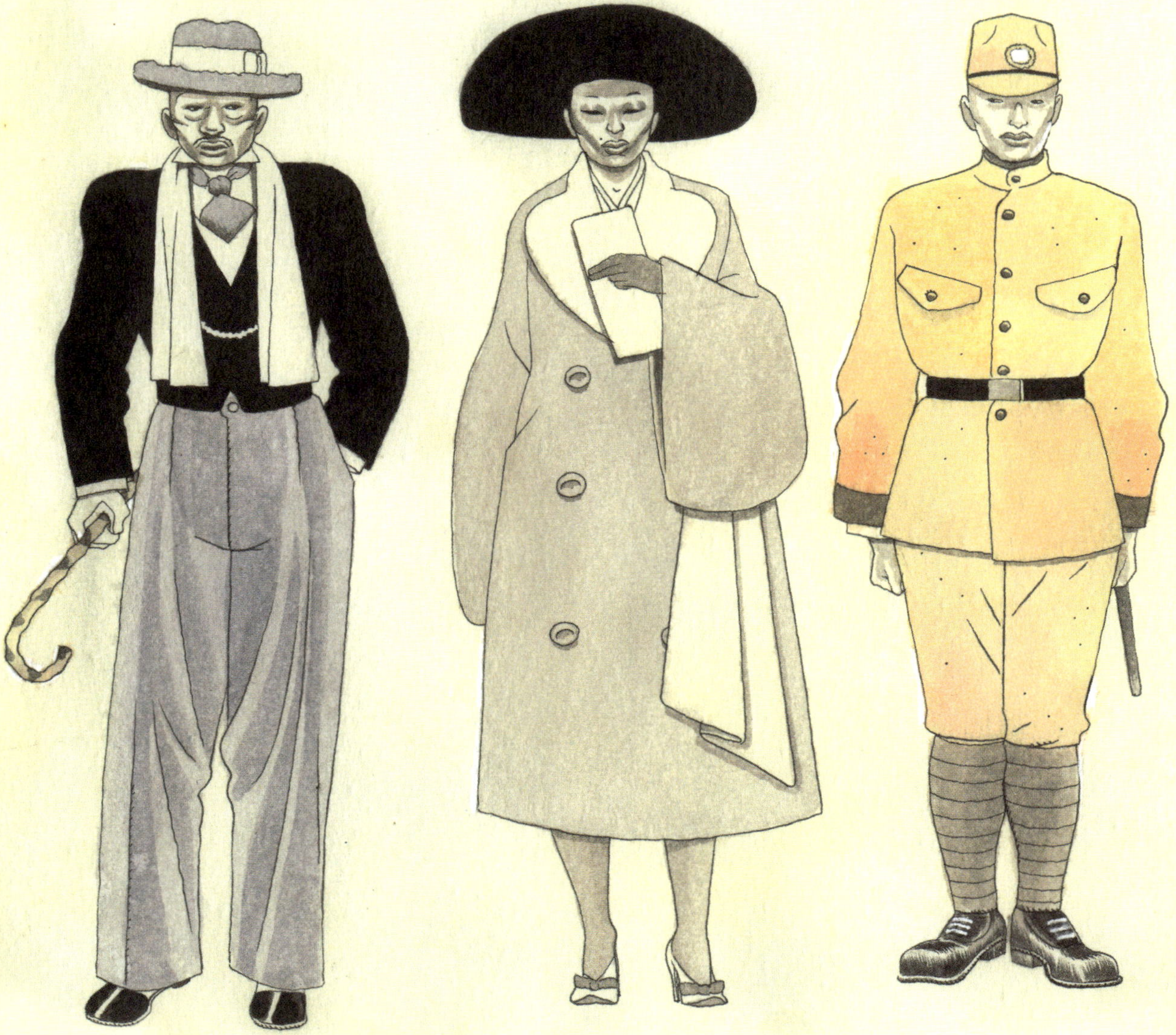

Damals hatte ich gerade ISHIKI NO KASHI veröffentlicht, eine Geschichte, die in einer düsteren japanischen Zukunft spielt.

BAMBOO MUSIC, FORBIDDEN COLORS...

Unzählige Stunden hatte ich zu diesen Klängen gezeichnet. Ich fühlte mich wohl mit ihnen. Damals hatte Ryuichi noch nicht den Oscar für

DER LETZTE KAISER

bekommen, war aber trotzdem schon eine Berühmtheit. Ihm schwebte eine Geschichte auf mehreren Ebenen vor. Visionen, Worte, Assoziationen, die sich mit unverwechselbaren Klangphrasen verbinden.

Das war Ryuichi, ein sehr moderner Mann. Er hatte seinen eigenen Verlag gegründet,

HON HON DO,

und brachte dort zu jeder neuen LP auch ein oder mehrere Bücher heraus. Er hatte sich mit dem italienischen Futurismus beschäftigt und plante die Veröffentlichung einer Platte mit dem Titel

MIRAIHA YARO - FUTURISTA.

Das war auch der Grund, weshalb er sich mit mir in Kontakt gesetzt hatte. Er fand, dass meine Arbeiten perfekt zu diesen Themen passten, und damit lag er richtig.

Die folgende Geschichte erschien 1986 in Japan.

MIRAIHA YARO FVTVRISTA

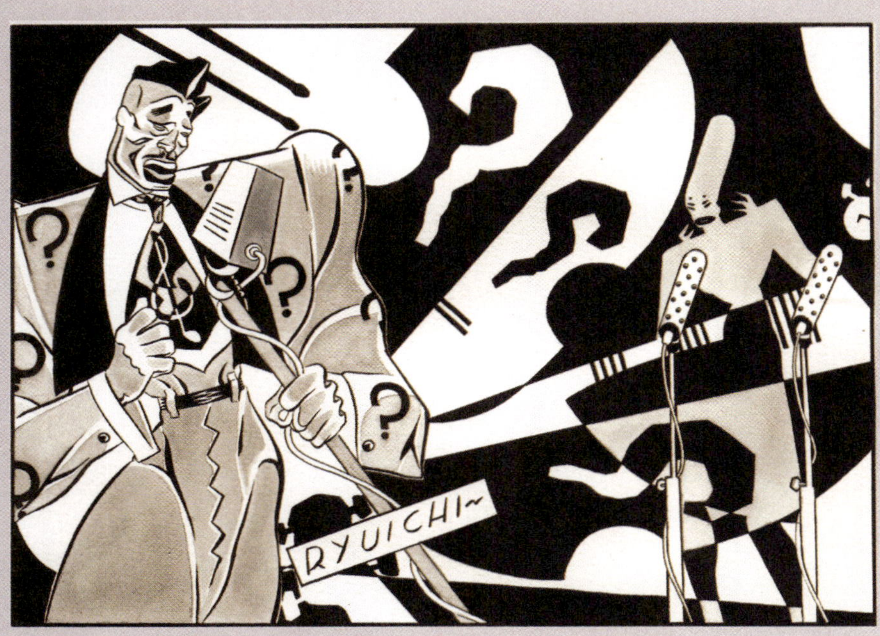

Hier ist er: In seine melancholische Schönheit versunken setzt der junge Ryuichi sanftes Ticken gefühlvoll in Schwingung. Abertausende, Millionen, Milliarden Seelen, unfassbare Massen bejubeln ihn ekstatisch.
Mir, dem kühnen modernistischen Zeichner, wird die Ehre zuteil, von diesem Ereignis zu erzählen.

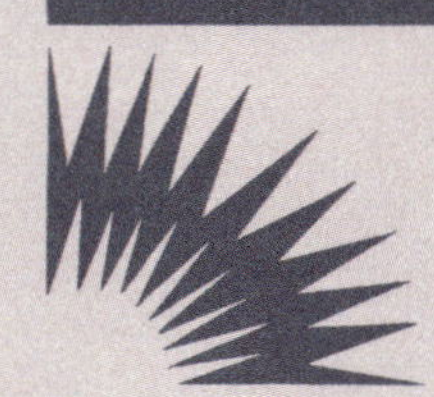

Melancholisch steht der Mond über DynamoTokyo. Die Nacht ist eine perlmutterne Auster, geblendet von zuckenden Ampeln. Wie ein schillerndes Zebra windet sich die Constrictor 701 durch die belebten Dori der Innenstadt. Am Steuer Mr. Hiphop (the manager), die Fahrt endet im Viertel Dolcevita.

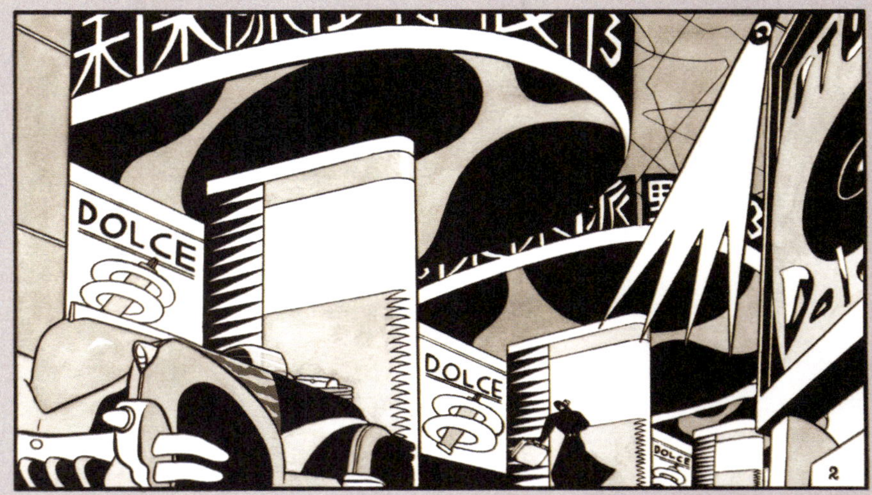

未来派野郎 FVTVRISTA

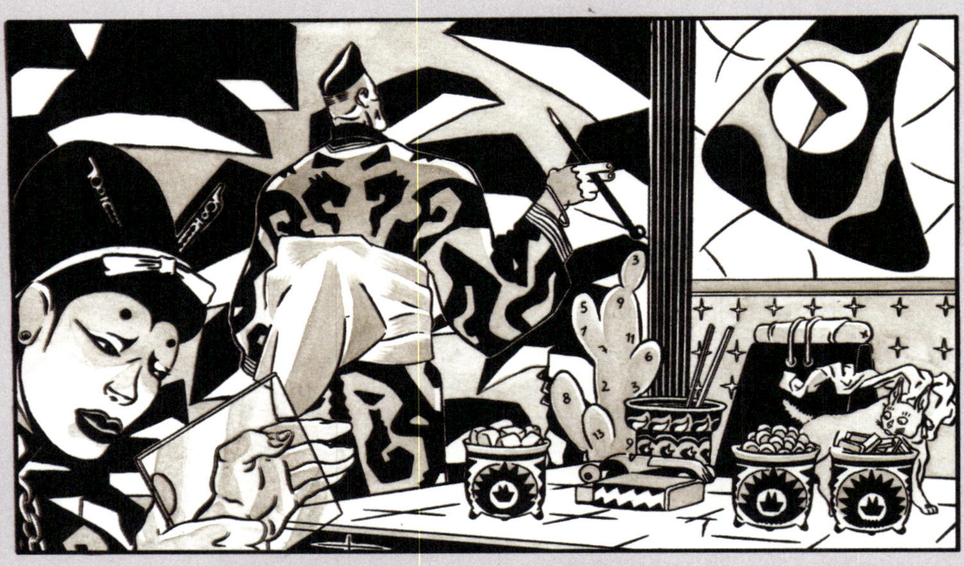

Sehr früh steht er auf, der junge Ryuichi, und betrachtet die drei stählernen Sonnen im Sternbild des mechanischen Rosses. »Mr. Hiphop ist schon da.« Wie jeden Morgen reicht Setzuko ihm Lotionen und Tonika für seine Muskeln, die die Haut lustvoll aufsaugt.
Zwischenzeitlich richtet sie Krebsfleisch, das seinen Körper mit der nötigen Energie für den Tag versorgt.

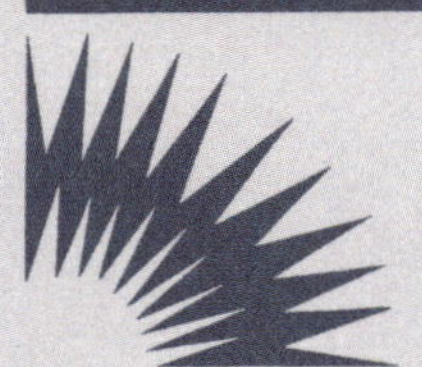

Eine halbe Stunde später befindet sich Ryuichi in einem erbarmungslosen Kampf. Alles steht still im Viertel Dolcevita. Die Bewegungen seiner Gegner, der siamesischen Fugu-Zwillinge, die sich abwechselnd selbst das Leben nehmen, bergen den Keim des Todes. Kunst kann wunderbar und schrecklich sein, manchmal sogar tödlich.

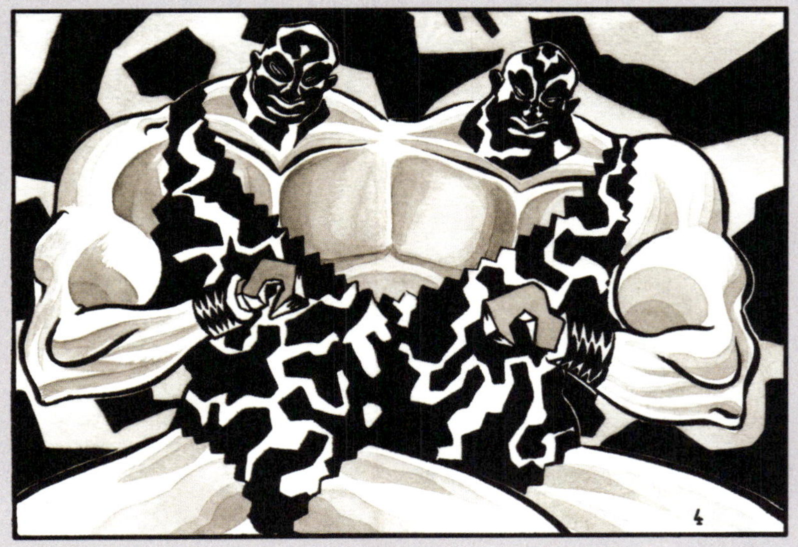

未来派野郎 FVTVRISTA

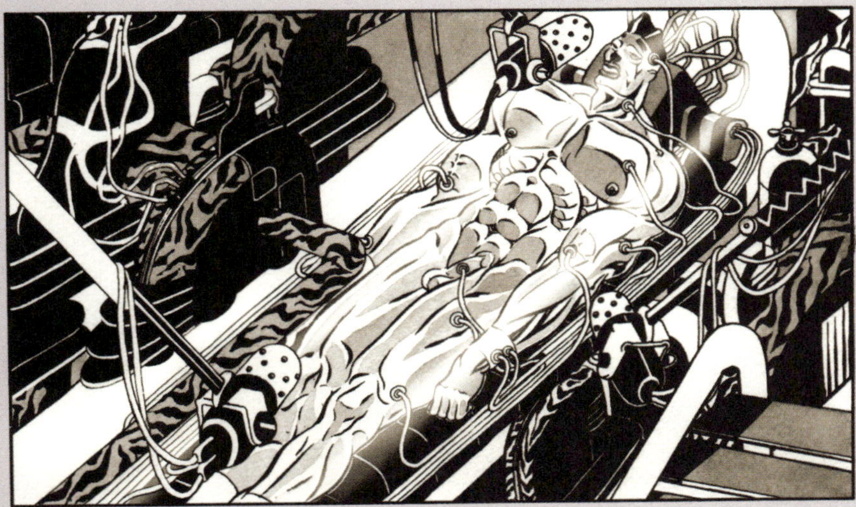

Pssst, jeder Laut ist ein Luxus, den man sich in der Halle der erhabenen Stille nicht leisten kann. Wir zeichnen auf, auch ein banaler Atemzug kann zur schwingenden Symphonie werden. Ist das Body Music? Keine Bezeichnung scheint treffender. Wenn man bedenkt, dass auch das Gedächtnis ein Muskel ist, der leise zuckend atmet und kaum hörbar seufzt, tanzen Kindheitsbilder sanft schwingend über Ryuichis Pupillen. Momente wahrer Reinheit.

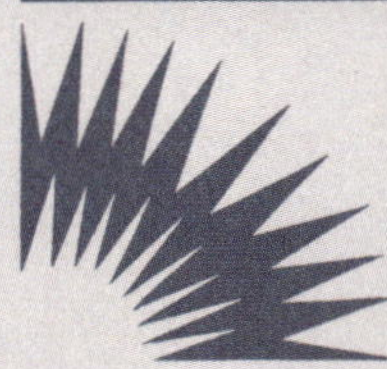

Ein Augenblick nur, eine einzige anarchische Sekunde, und das Unvorhersehbare geschieht: Die Doktoren Hosokawa bemerken es als Erste. Achtung, Achtung, im Viertel Dolcevita bricht babylonische Verwirrung aus. Eintausendsiebenhundert Ermittler stehen bei Fuß. Die Maschinen zeigen einen Überschuss von Honhondo an, der zerstörerischen Ladung, die alle menschlichen Erinnerungen auslöscht und durch künstliche elektronische ersetzt. Ein fataler Augenblick nur, und unser Körper wird zum festen Glied in der mystischen Kette der kathodischen Religion.

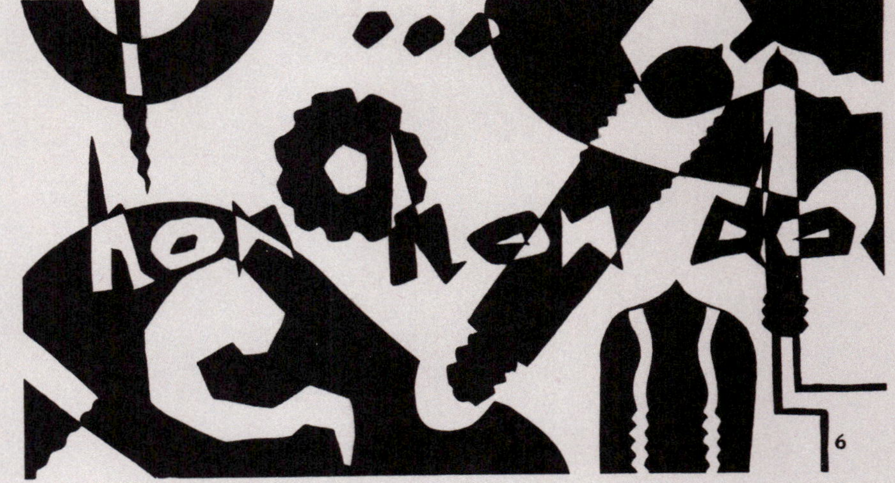

未来派野郎 MIRAIHA YARO

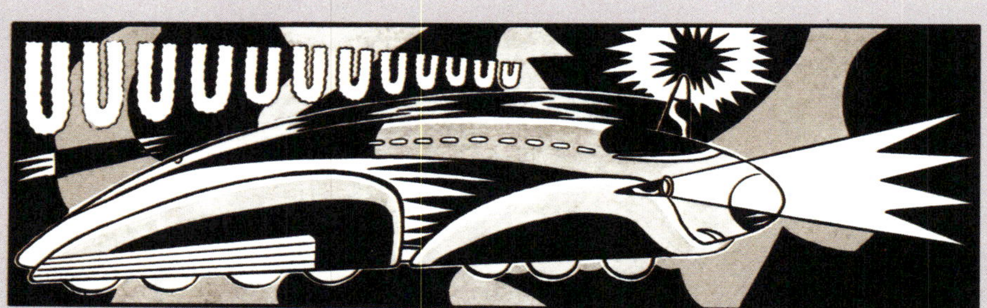

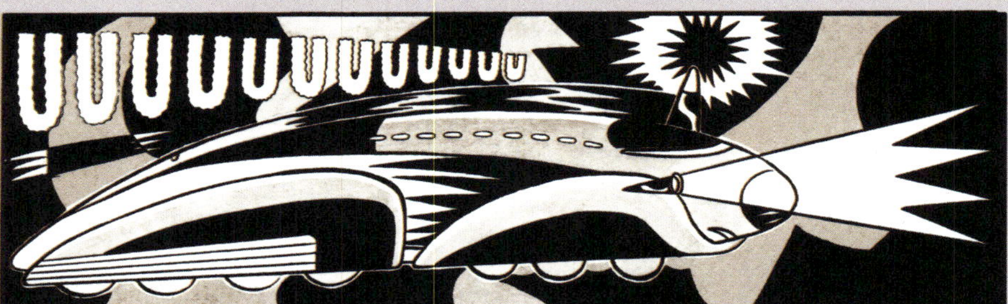

Was geschieht mit dem jungen Ryuichi? Das Viertel Dolcevita verwandelt sich in eine riesige Krake des Wahnsinns. Dutzende Krankenwagen schießen durch seine Eingeweide, an Bord aufs Ärgste gefasste medizinische Präparatoren, doch da beginnt sein Herz wieder regelmäßig zu schlagen. Und er steht auf, unser Held. Kraftvoll-dynamisch schwingt er eine 300-space-Kilo schwere Hantel. Allein sein melancholischer Blick, vom Schatten der Abwesenheit verdunkelt, verrät das Unleugbare: Haut, Knochen, zweifellos, doch sein Körper, sein Geist sind nun durchtränkt von Honhondo. Hier steht er vor uns, meine Damen und Herren, der erste Cyber-Musiker!

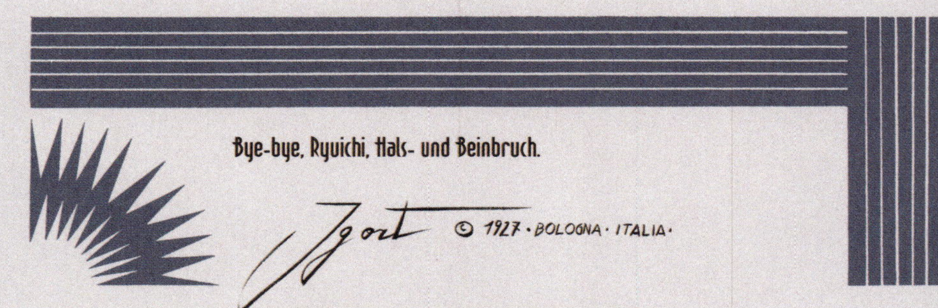

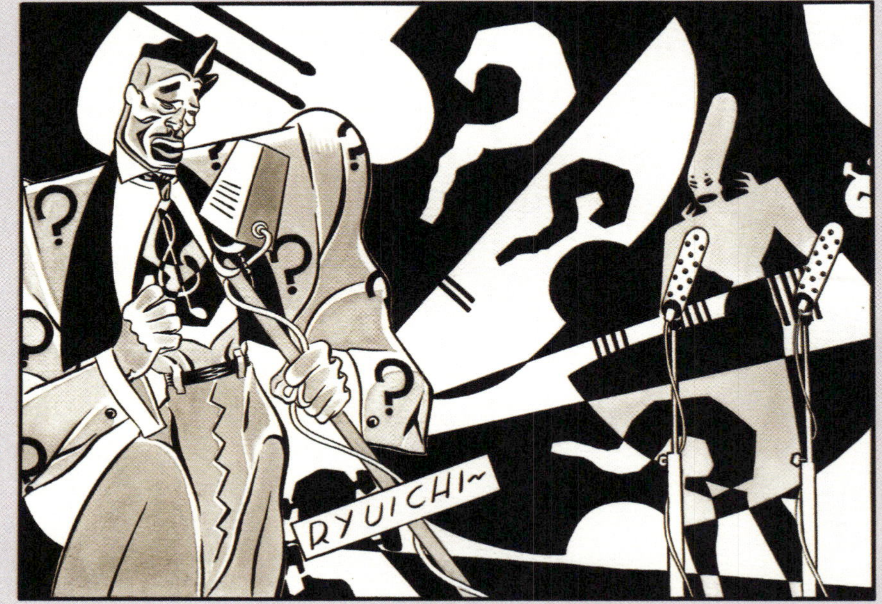

LOLITA

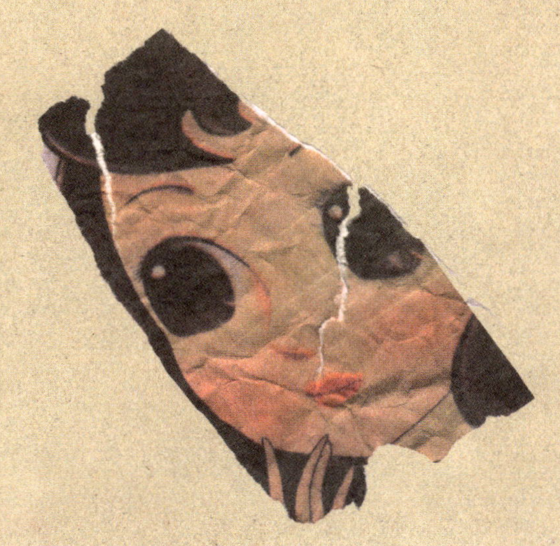

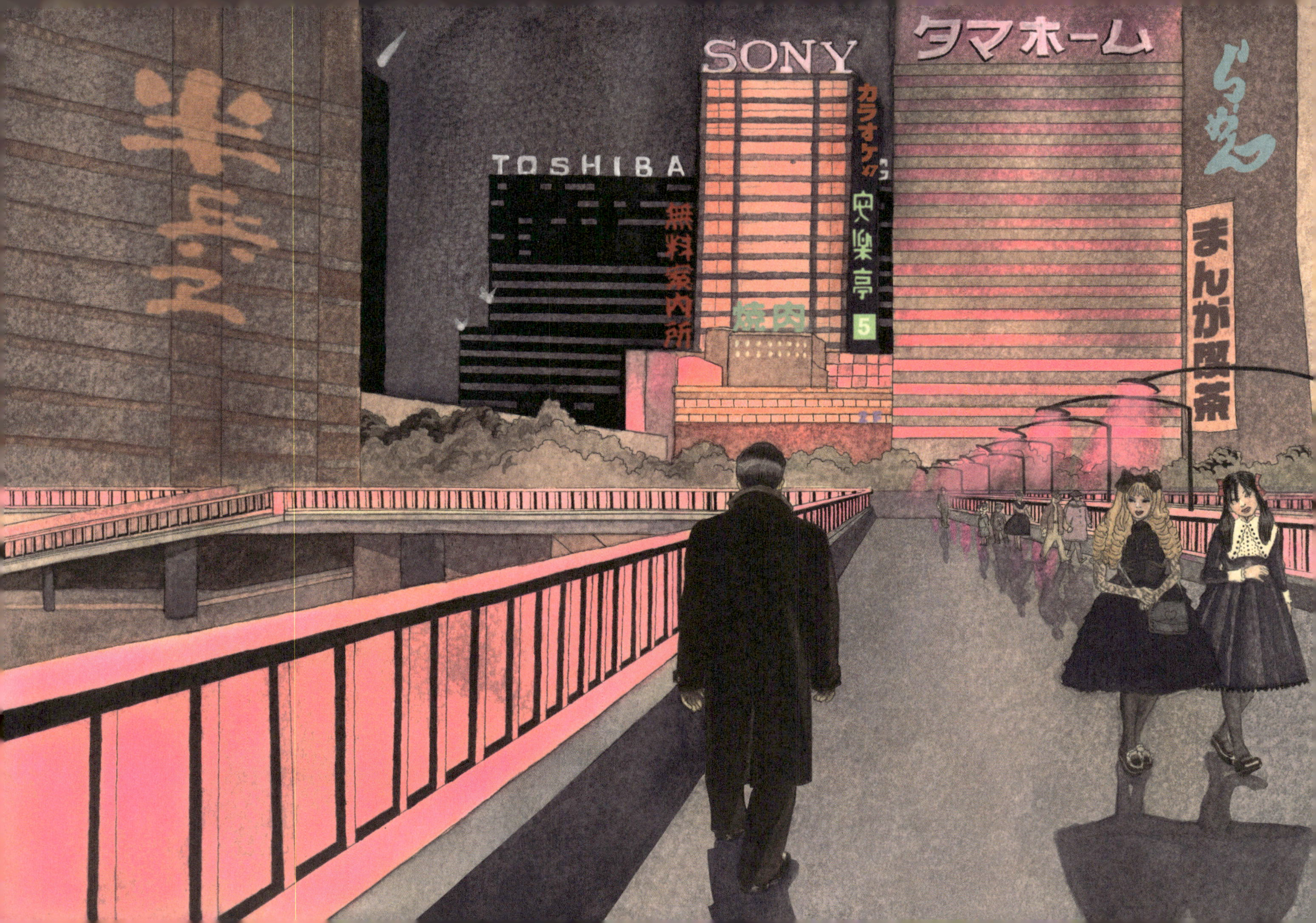
SONY
タマホーム
TOSHIBA
カラオケ
安楽亭
5
無料案内所
焼肉
まんが喫茶

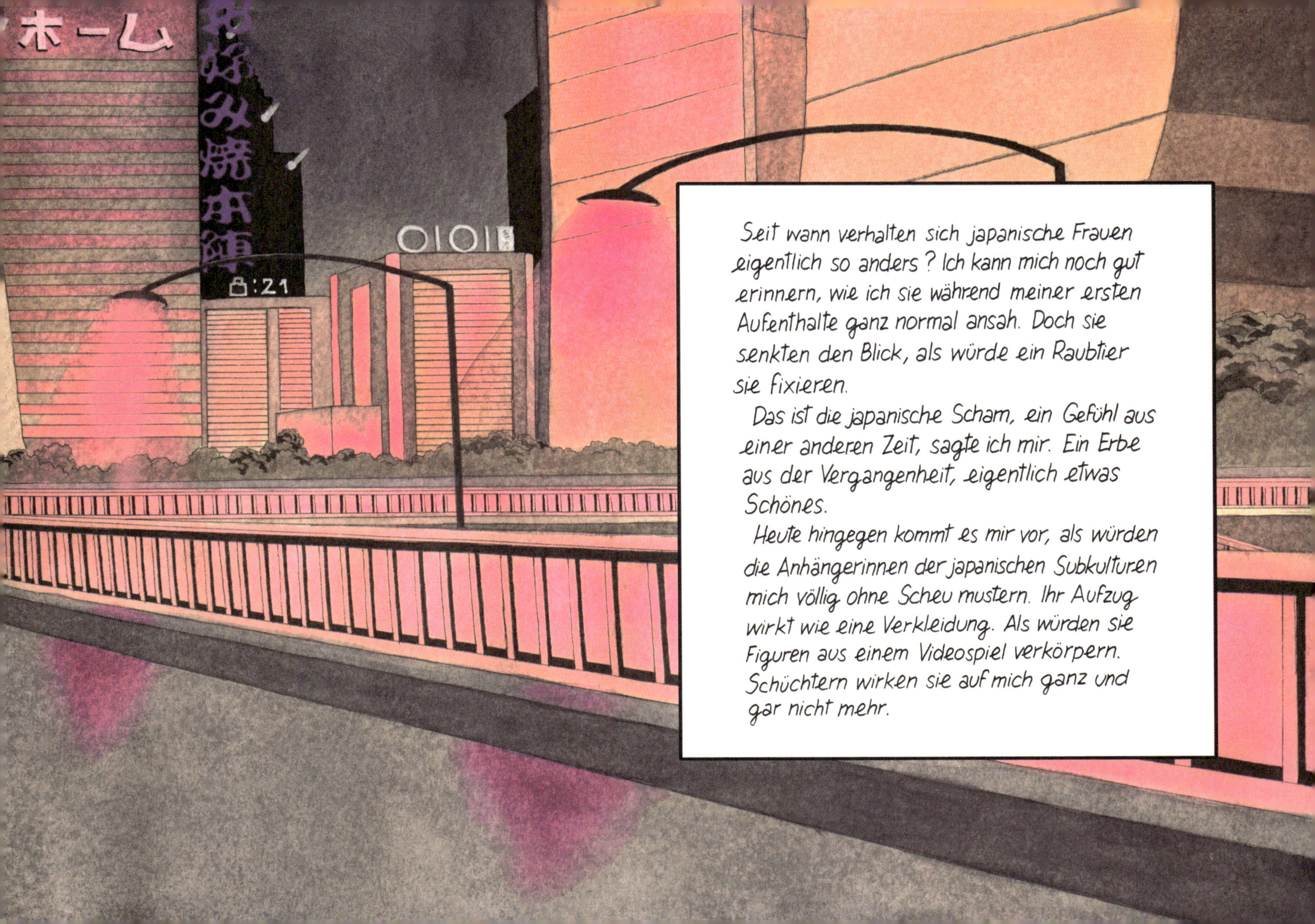
ホーム
Seit wann verhalten sich japanische Frauen eigentlich so anders? Ich kann mich noch gut erinnern, wie ich sie während meiner ersten Aufenthalte ganz normal ansah. Doch sie senkten den Blick, als würde ein Raubtier sie fixieren.
Das ist die japanische Scham, ein Gefühl aus einer anderen Zeit, sagte ich mir. Ein Erbe aus der Vergangenheit, eigentlich etwas Schönes.
Heute hingegen kommt es mir vor, als würden die Anhängerinnen der japanischen Subkulturen mich völlig ohne Scheu mustern. Ihr Aufzug wirkt wie eine Verkleidung. Als würden sie Figuren aus einem Videospiel verkörpern. Schüchtern wirken sie auf mich ganz und gar nicht mehr.

Der Triumphzug des Kawaii (niedlich, liebenswert) hat die starren japanischen Kleidungskonventionen revolutioniert. Seit den 1920er-Jahren wird FUKU getragen, die klassische, vom Matrosenanzug inspirierte Schuluniform. Doch irgendwann begannen Schülerinnen, die Uniformen zu variieren, beispielsweise mit Stulpen. Sie brechen auf ironische Weise die Vorstellung von Perfektion in der japanischen Ästhetik.

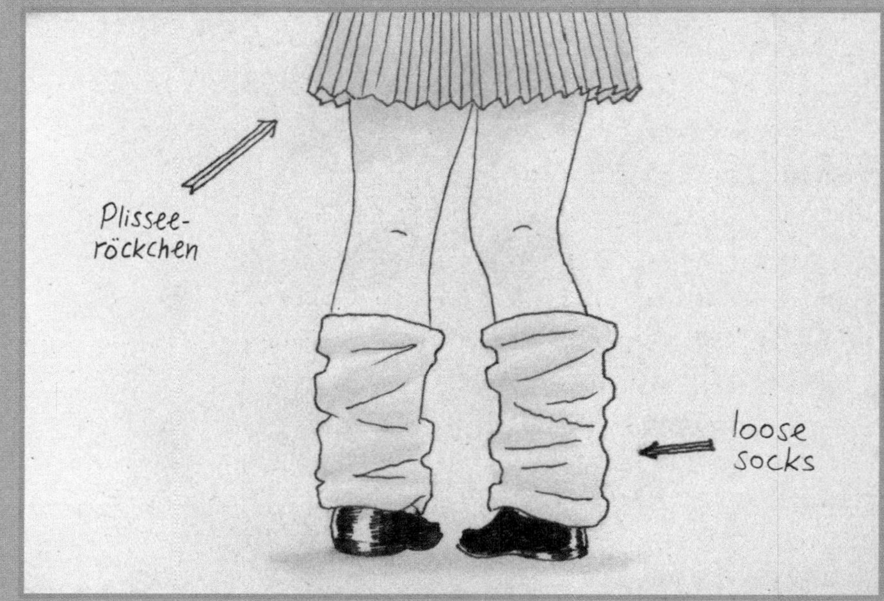

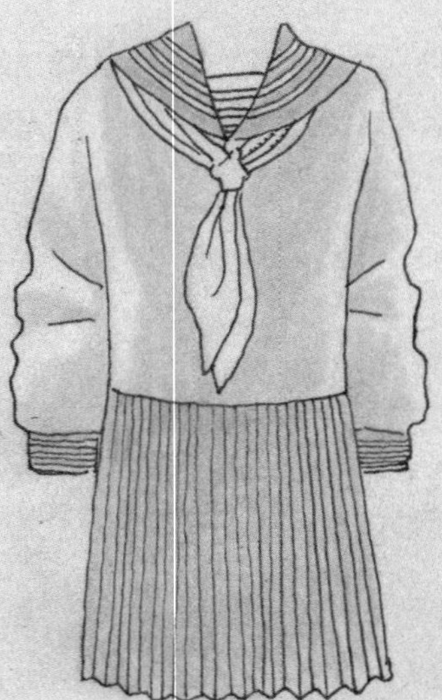

セーラー服

Sailorfuku

Diese Uniform wurde erstmals 1921 von Elisabeth Lee, der Direktorin der Mädchenakademie FUKUOKA, eingeführt.

Auch Sailor Moon trägt sie.

Der Sailorfuku ist auch ein Fetisch. Lolitas üben in Japan eine große Faszination auf Männer aus. Es ist ein regelrechter Handel mit benutzter Unterwäsche und Schuluniformen entstanden. Er wird

BURUSERA

genannt, von BURUMA (kurze Sporthosen) und SERA FUKU (SAILORFUKU, japanisch ausgesprochen).

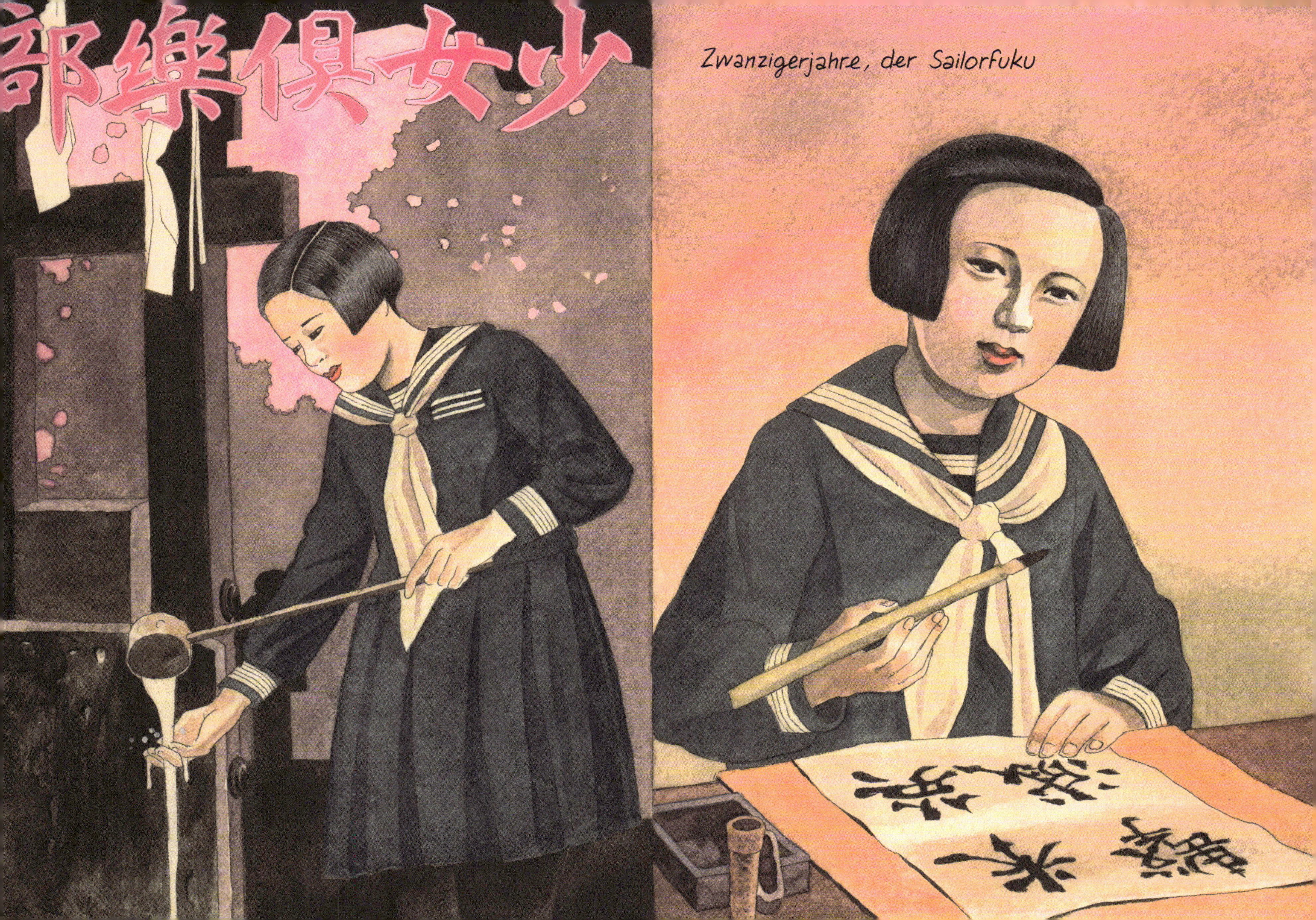
少女俱樂部
Zwanzigerjahre, der Sailorfuku

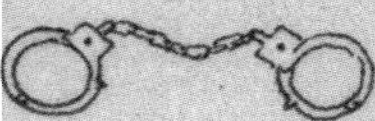

Im August 1994 wird der Inhaber eines BURUSERA verhaftet, weil er einen Slip verkauft. Er wird wegen Verstoßes gegen das Gesetz zum Schutz Minderjähriger angeklagt.

Ab 1999 wird schärfer kontrolliert, was in den Burusera verkauft wird.

Seit 2004 versuchen die verschiedenen Präfekturen den Verkauf von gebrauchter Unterwäsche, Speichel, Urin und Fäkalien von Minderjährigen einzuschränken.

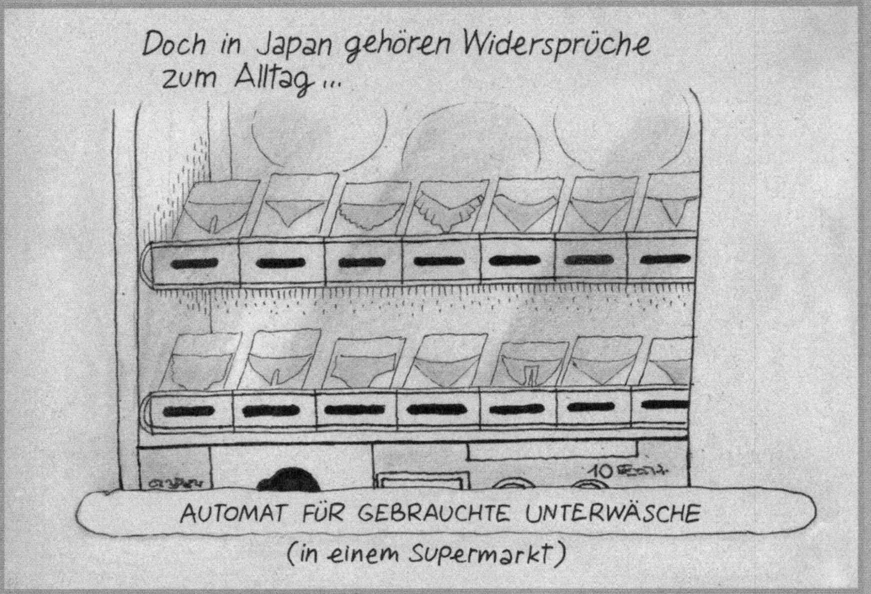

Die Viertel Shibuya und Ikebukuro werden von verschiedenen Modetrends beherrscht.
Die Frauen hier gehören zu den GANGURO, MANBA, YAMANBA oder zu den KOGAL.
Die KOGAL lieben es, teure Dinge zu kaufen, besonders die neuste Technologie.
Wenn sie nicht von der eigenen Familie finanziert werden, beschaffen sie sich Geld über ENJO KOSAI (Treffen gegen Bezahlung). Ältere Männer erkaufen sich die Gesellschaft von attraktiven Schülerinnen. Bei diesen Treffen kommt es manchmal, aber nicht immer, auch zum Sex.

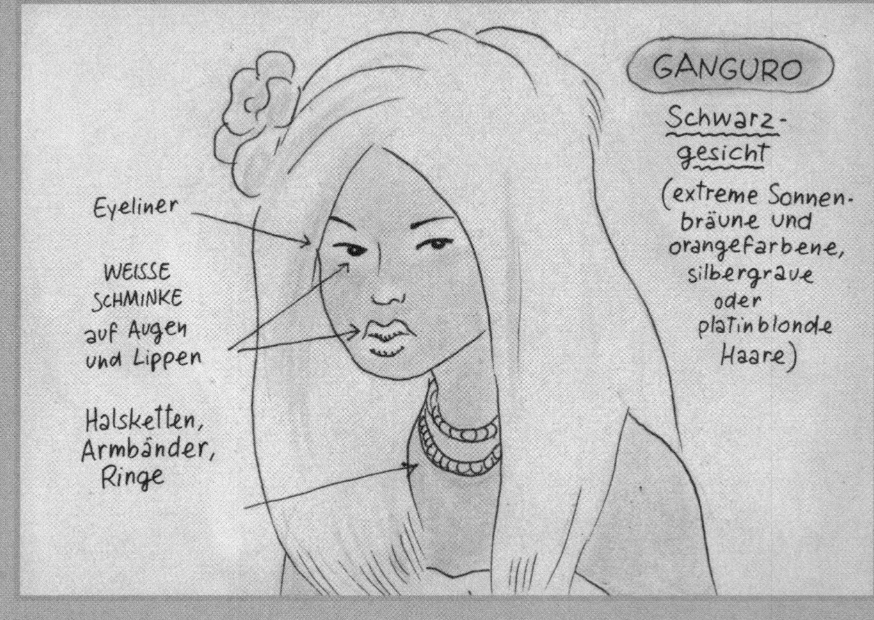

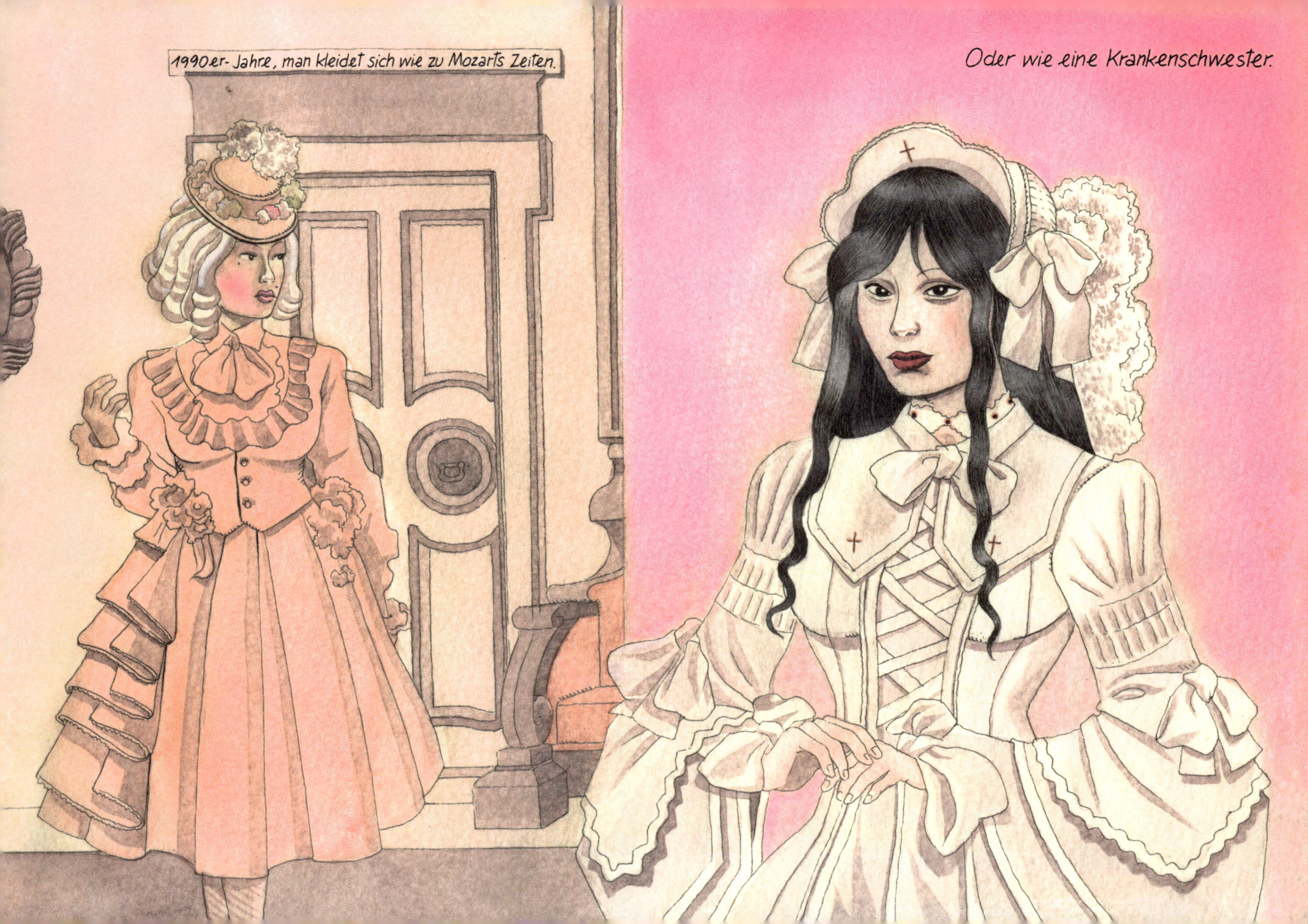
1990er-Jahre, man kleidet sich wie zu Mozarts Zeiten.
Oder wie eine Krankenschwester.

Ich erinnere mich noch gut daran, wie es mit dem KAWAII-Fieber (かわいい) losging. Alles musste niedlich sein, winzig, entzückend. Die Stimmen der Mädchen änderten sich, wurden kindlich, und dann die Farben: Weiß und Rosa verbreiteten sich in Windeseile. Echte Menschen wollten plötzlich aussehen wie Manga- oder Anime-Figuren.

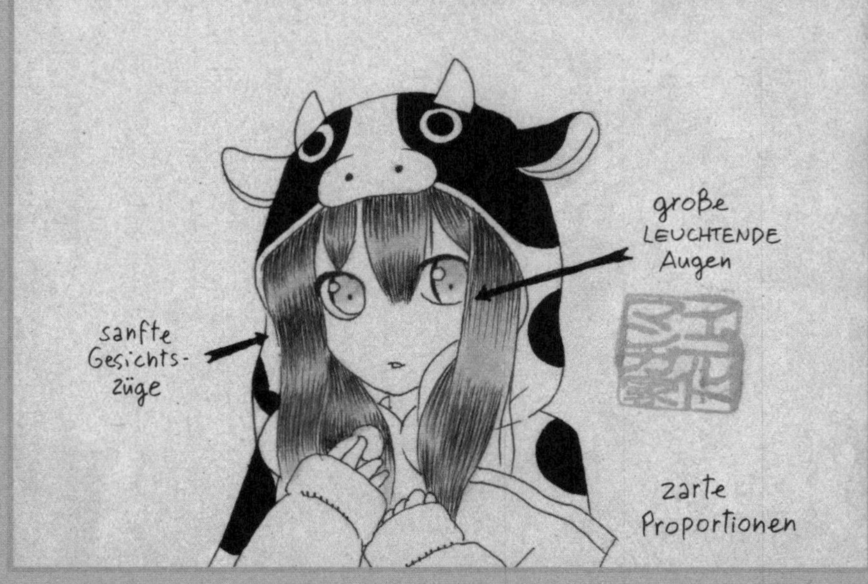

KAWAII ist ein Adjektiv, abgeleitet von KAIWASA (Sanftheit, Niedlichkeit). Es bezieht sich auf Gegenstände, Personen und Verhaltensweisen, die süß, unschuldig, rein sind. Und daher eben auch kindlich.
Von der TAISHO-Zeit (1912–1926) bis zum Zweiten Weltkrieg lautete der Eintrag in den Wörterbüchern dafür

KAWAYUSHI,

wurde dann zu KAWAYUI und schließlich zu KAWAII.

Ursprünglich bedeutete es so viel wie schüchtern, schamhaft, verletzlich, liebenswert und klein. Nur sehr selten wird es in Kanji geschrieben, man bevorzugt die Silbenschrift Hiragana. Sie ist einfacher und wird schon von Grundschulkindern beherrscht.
Die Vorstellung der Niedlichkeit fördert die EMPATHIE, die das machtlose Objekt beim Betrachter auslöst.

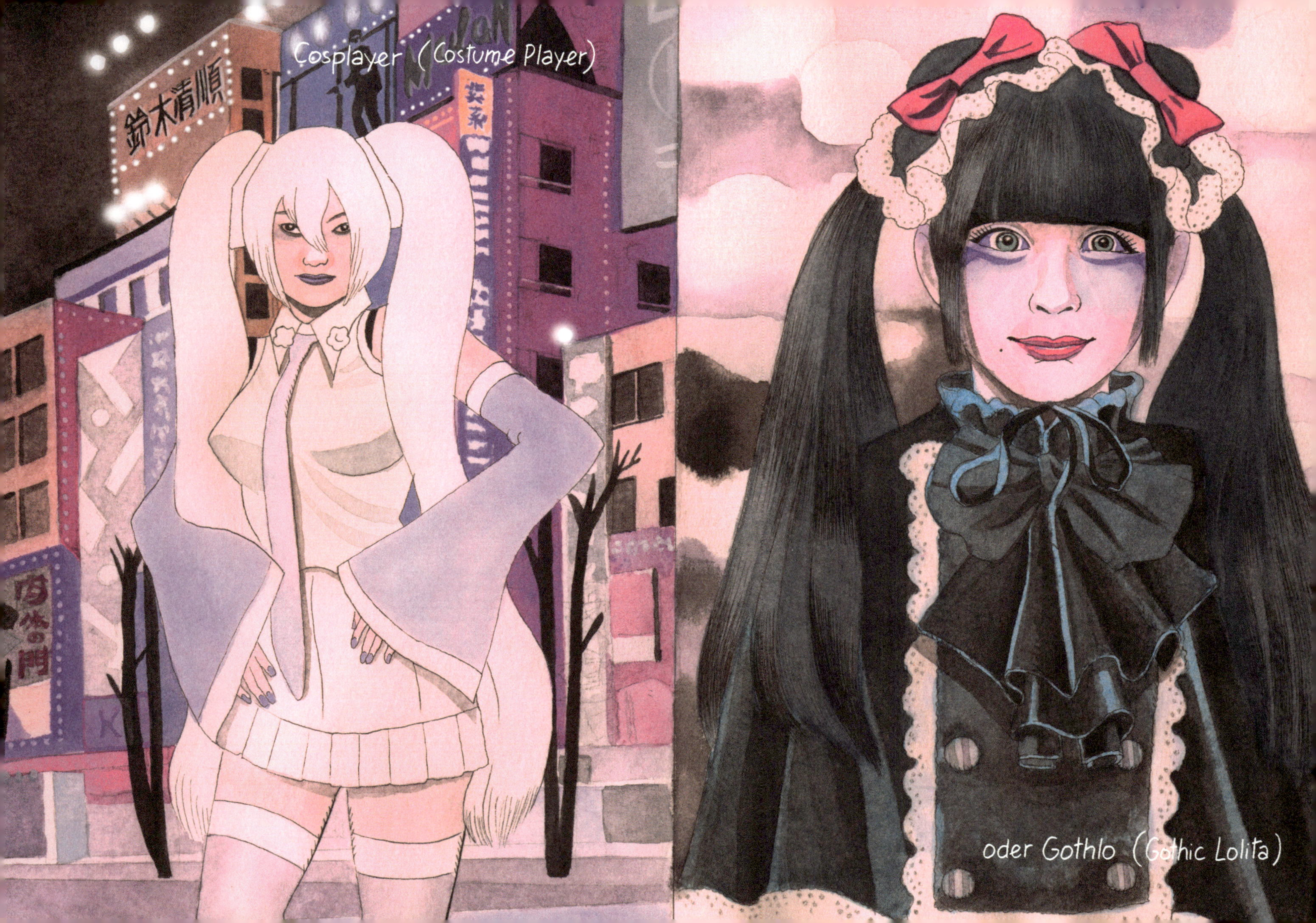
Cosplayer (Costume Player)
鈴木清順
oder Gothlo (Gothic Lolita)

Die glucksenden kindlichen Stimmen, das flüchtige, schüchterne Kichern hinter vorgehaltener Hand standen im Widerspruch zur aufreizenden Kleidung. Den sehr kurzen Miniröcken und dem lolitahaften Verhalten. In den 1970er-Jahren wurde es unter Mädchen zum Trend, sich in einer Art Babysprache zu unterhalten.

So wurde KAKKOII, schön, zu KATCHOII (dieselbe Bedeutung, aber in der Aussprache eines Kindes), und anstatt SEX sagte man

NYAN NYAN SURU

(Miau Miau machen).

KAWAII verbreitete sich durch den NAME-NEKO-Trend – Katzenbabys, die sich wie Kriminelle benehmen – wie ein Lauffeuer. Auch im Manga „What's Michael" kommen Kätzchen als pokerspielende Gangster vor.

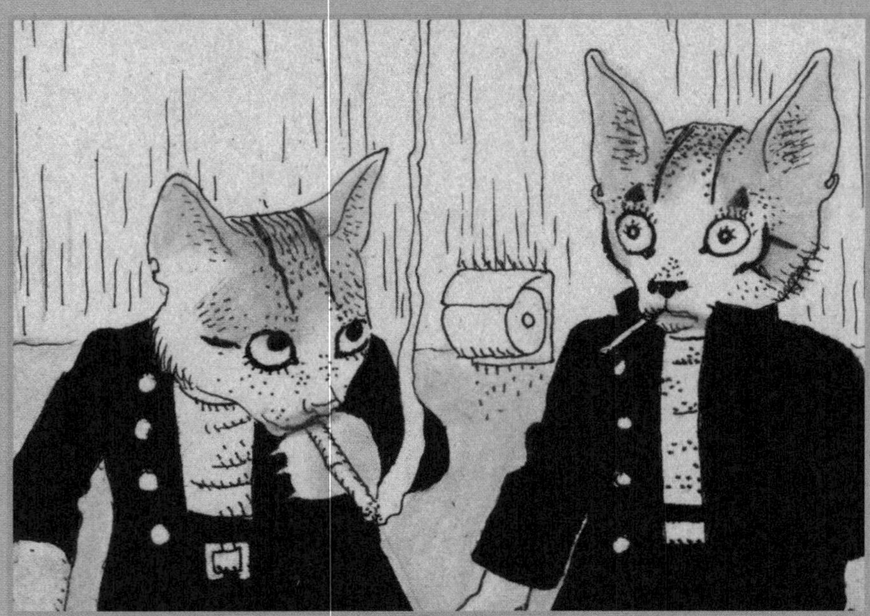

Schwer zu sagen, wie stark die Manga-Kultur die japanische Gesellschaft beeinflusst und umgekehrt. Ob GANGURO, MANBA, YAMANBA, KOGAL oder GOTHIC LOLITA: Es scheint darum zu gehen, andere als die traditionellen Rollen einzunehmen, die allerdings nicht weniger kodiert sind (Japaner lieben Uniformen, sie geben Sicherheit). Der Unterschied ist, dass man selbst entscheidet, welchem Trend, welcher Gruppe man sich anschließt. Auch das ist das moderne Japan.

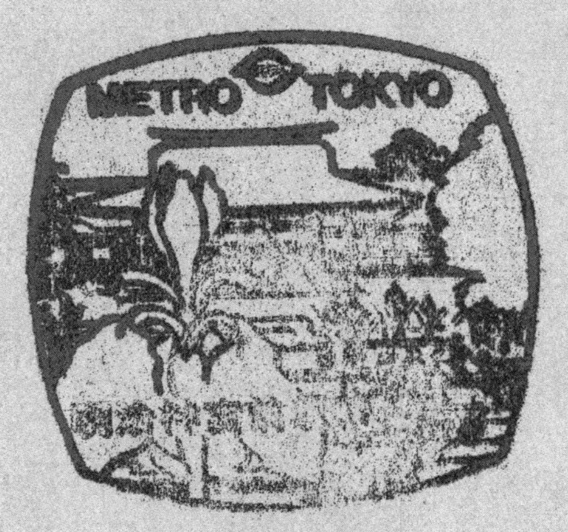
METRO TOKYO

Doch Kawaii ist nicht nur eine flüchtige Erscheinung der Popkultur. Schon im Jahr 1000 schrieb die Dichterin Sei Shonagon in ihrem „Kopfkissenbuch": „In Wahrheit liegt Schönheit in jedem kleinen Ding." Selbst Samurai trugen kleine Talismane aus farbigem Stoff bei sich. Sie heißen

O-MAMORI.

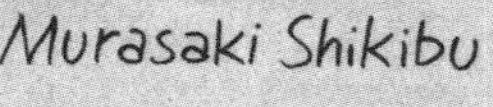

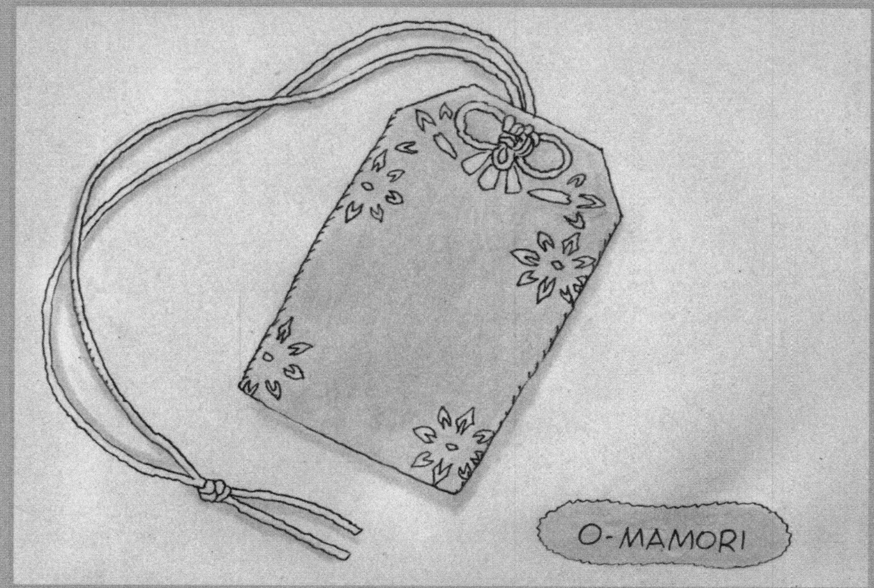

Murasaki Shikibu

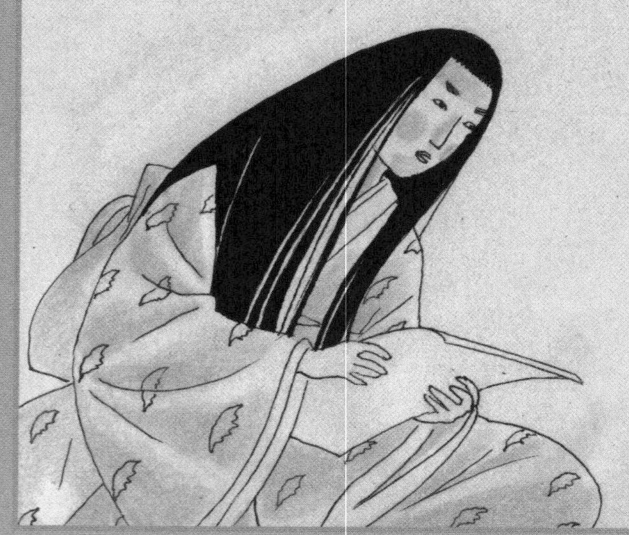

Etwa zur selben Zeit gebraucht die Hofdame und Dichterin MURASAKI SHIKIBU im berühmten GENJI MONOGATARI den Begriff KAWAII im Sinne von Bedauern und Mitgefühl. Daraufhin wurde das Wort verwendet, um die Schutzbedürftigkeit eines wehrlosen Kindes zu beschreiben. Später wurde es um die Bedeutungen Zerbrechlichkeit, Anmut, Sanftheit der Frau erweitert.

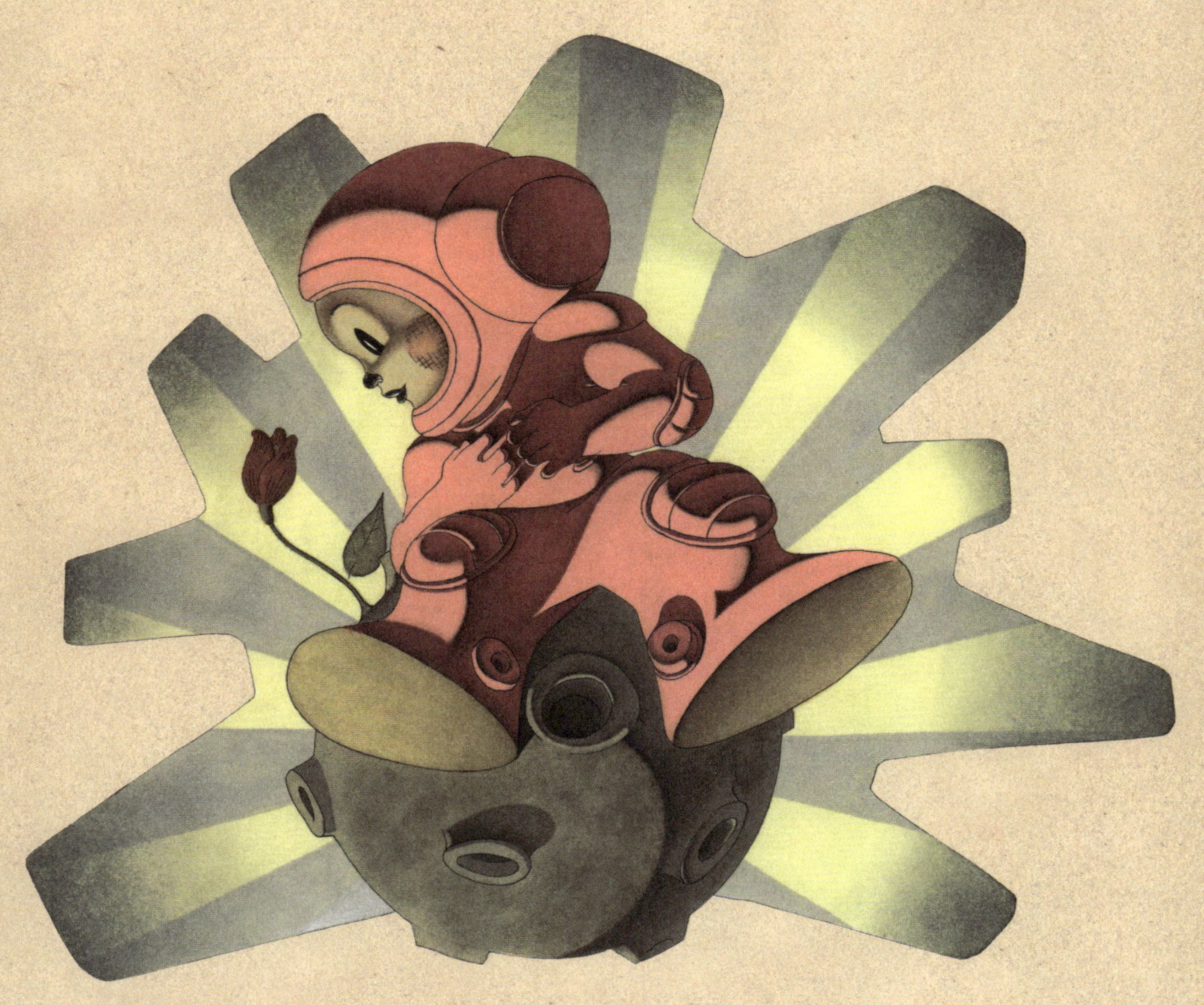

In Japan zeichnete ich für KODANSHA die Geschichten von YURI. Eine Figur, die als KAWAII galt. Das war 1994.

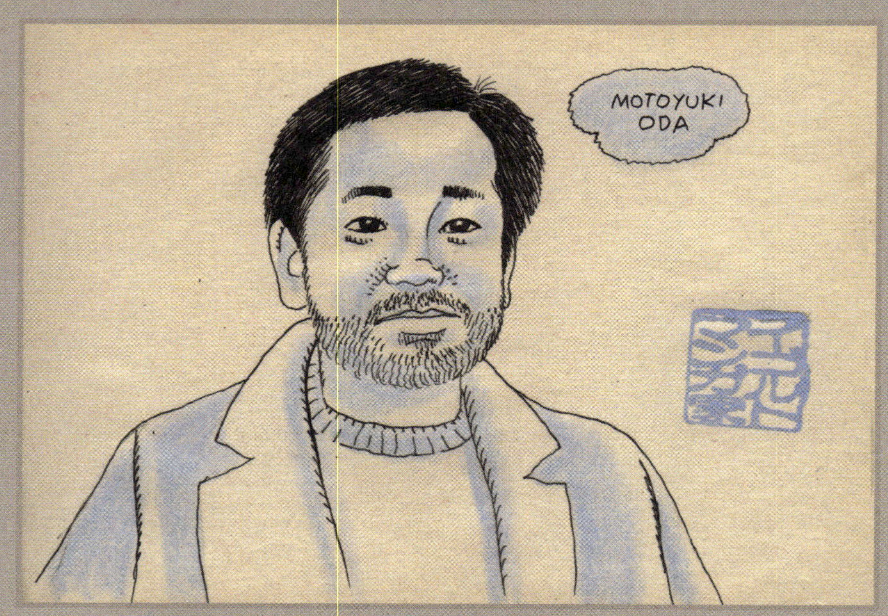

Tokio, 20. Juni 2014

An diesem feuchtwarmen Abend im Juni treffe ich ODA-san. Er ist henshu, Redakteur bei SHOGAKUKAN, dem Stern am japanischen Verlagshimmel, und betreut einige der wichtigsten Autorinnen und Autoren.

In der Geburtsstunde der Prinzessin des Manga ist er dabei:
RUMIKO TAKAHASHI
Schöpferin von „Urusei Yatsura", „Ranma ½", „Maison Ikkoku"; diese Dame gehört zu den ganz Großen. Allein in Japan wurden über 200 Millionen Exemplare ihrer Werke verkauft.

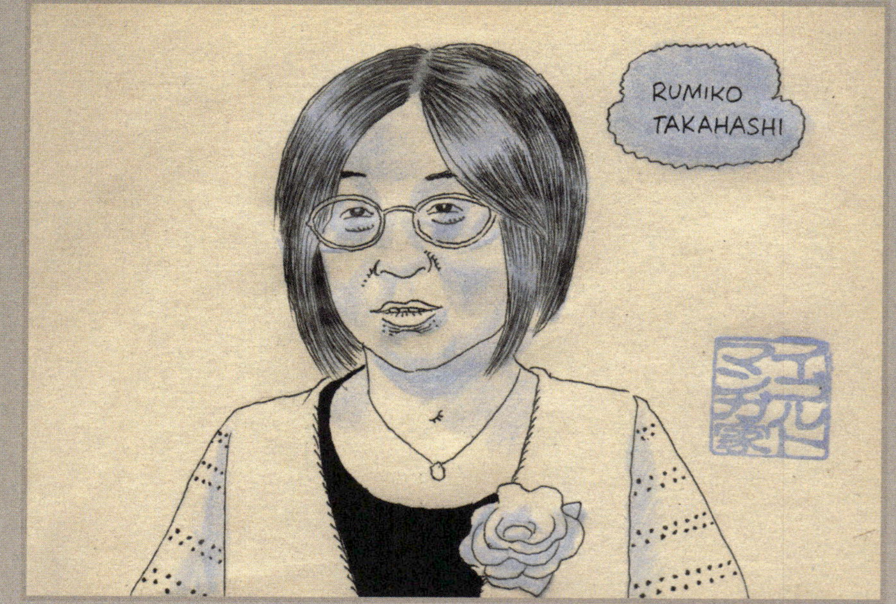

Die Multimillionärin hat sechs Assistenten, die sie dabei unterstützen, Kapitel um Kapitel der endlosen Sagas zu produzieren (38 Bände zum Beispiel, wenn nicht sogar 56). Eine Flut leichtfüßiger Geschichten: „Hast du etwas zu erzählen? Dann tu es, irgendjemand wird es lesen." Gemeint sind Heerscharen von Fans, die mit Engelsgeduld darauf warten, dass der nächste Band ihrer Geschichten erscheint.

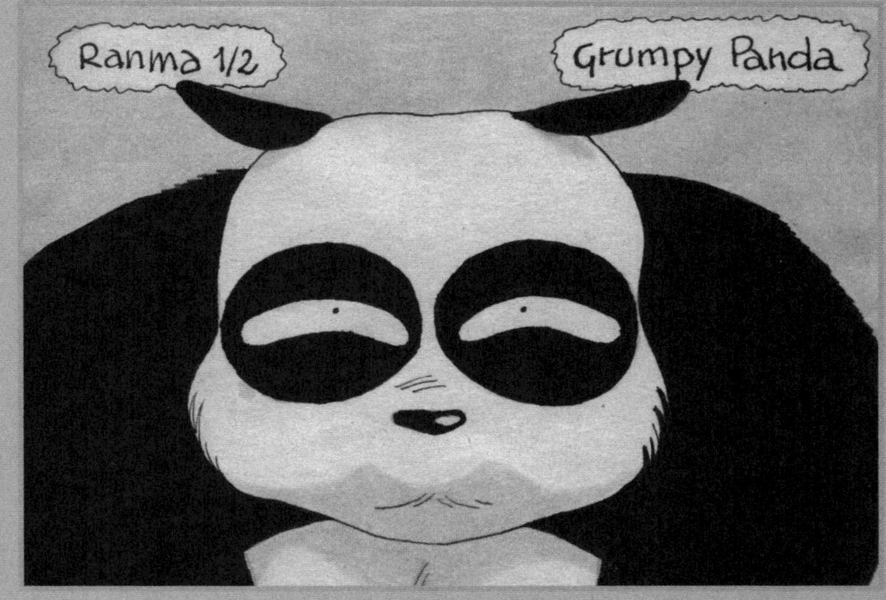

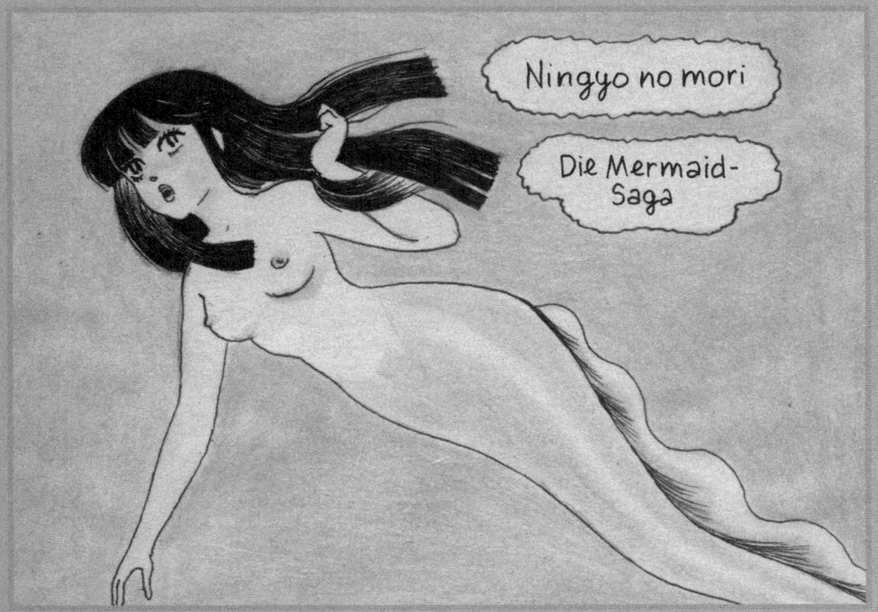

Manga werden hier im Team gezeichnet, sie ähneln einem Kinofilm, in dem der Zeichner Regie führt. Und der Regisseur muss dafür sorgen, dass seine Geschichte interessant ist. Sicherlich eine Kunst, die man auch erlernt, indem man sehr genau hinhört, ob die Geschichte das Herz der Leser erreicht.

VORHANG AUF!

Eine neue Geschichte von RUMIKO TAKAHASHI entsteht! Mit nahezu religiöser Präzision komponiert, wie ein Tanz. Und das geht so: Punkt 22:00 Uhr, es klingelt. Sie weiß, wer es ist: ODA-san, ihr Redakteur.
Oda nimmt im Raum neben ihrem Arbeitszimmer auf dem Sofa Platz und wartet.

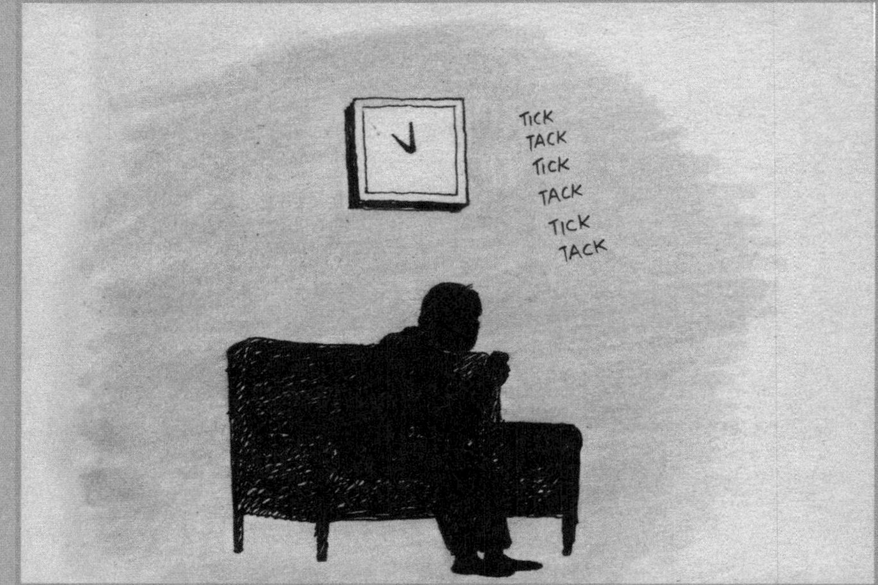

In diesem Augenblick sind die Bögen der SENSEI (wie die Meisterin förmlich genannt wird) noch UNBERÜHRT.
Takahashi-sensei verschwindet für ein paar Stunden hinter verschlossener Tür. Oda wartet. Ein arbeitsreicher Tag lastet auf seinen Schultern, nichtsdestotrotz ist er sich der ihm anvertrauten Verantwortung bewusst.
Wenn die Tür sich öffnet, ist es bereits nach Mitternacht. Und Rumiko Takahashi hat die ersten vier Seiten eines NEMU.

NEMU sind sehr einfache Storyboards. Anstelle der Köpfe ein Oval, beschriftet mit Ⓐ oder Ⓑ, damit man die Figuren unterscheiden kann.
Aber die Aufteilung der Panels, der Plot, die Dialoge, das alles ist schon sehr genau festgelegt.
Oda-san nimmt seine Kraft zusammen, liest die ersten Seiten der neuen Geschichte. Dann teilt er seine Eindrücke mit einer sehr anspruchsvollen Takahashi-sensei.

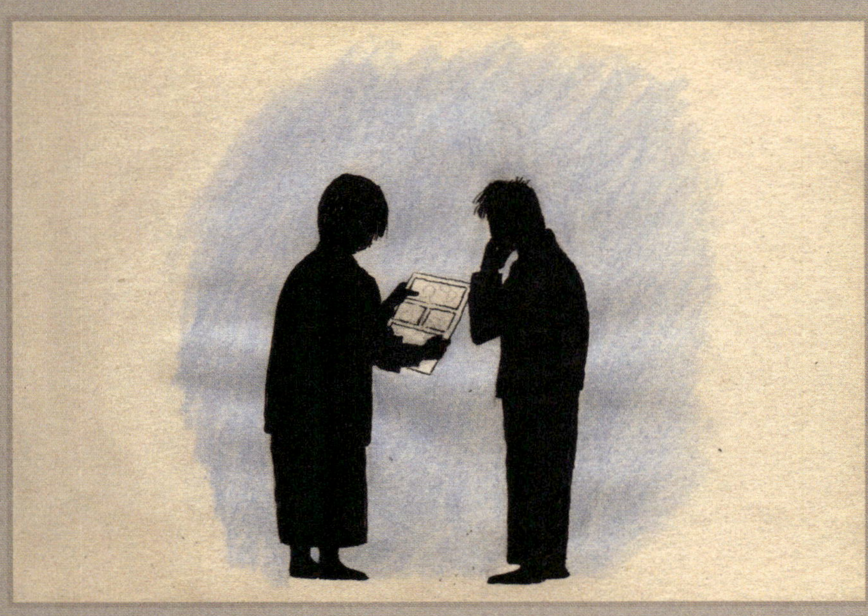

Und so funktioniert die ganze Manga-Maschinerie: Ein junger Autor arbeitet mit einem erfahrenen Redakteur. Und ein erprobter Mangaka wird einem jungen Redakteur zur Seite gestellt, damit der sich die Sporen verdienen kann. Ein kontinuierlicher Austausch, ein gesunder Fluss, durch den Erfahrungen von Generation zu Generation weitergegeben werden.

Ein Spiel ist es nicht. Rumiko Takahashi nimmt das Komponieren ihrer Geschichten sehr ernst und erwartet, dass der Redakteur ihr den Spiegel vorhält, denn durch ihn kann sie sehen, ob das Erzählte ins Schwarze trifft.

Nach dieser ersten Runde schließt sie sich wieder ein, und Oda-san kehrt zurück auf sein Sofa. Er wird noch Stunden warten, doch weil Takahashi-sensei ihren Redakteur respektiert, wird sie sich Mühe geben, den Nagel auf den Kopf zu treffen.

Genau dieser Druck ist es, der sie antreibt, alles zu geben. Nach weiteren vier Seiten die erneute Konfrontation. Oda-san kommentiert die ein oder andere Stelle der Geschichte. Und zurück geht es ins Arbeitszimmer, bis spät in die Nacht hinein, so lange, bis die Architektur eines Kapitels von 18 Seiten steht. Die Grafik ist bis zu diesem Punkt im Kompositionsprozess nicht von Bedeutung.

Der Redakteur, den ODA-san so brillant mit einem SHERPA beim Erklimmen des Kilimandscharo verglichen hat, hat die Aufgabe, die Expedition vorzubereiten, die Wege zu sichern, Beistand zu leisten, die Lasten zu tragen. Es sind unsichtbare Figuren, ebenso wie die schwarz gekleideten Diener im Kabuki-Theater, die Falltüren öffnen, das Bühnenbild schieben und, wie es die Zunft verlangt, vollkommen im Verborgenen bleiben.

Man sieht sie ganz genau, aber man weiß, dass sie keine Rolle spielen, dass man der Geschichte folgen muss. Wenn der Bergsteiger, so erfahren er auch sein mag, vom Weg abkommt, dann ist es der Sherpa, der ihn auf den rechten Weg zurückführt. Der Gipfel muss erreicht werden, das ist allen klar. Genau das ist ein guter Redakteur, und ein guter Storyteller ist sich dessen bewusst. Deshalb begleiten Redakteure ihre Zeichner auf Reisen, bei wichtigen Geschäftsessen und Preisverleihungen.

Es geht um Teamarbeit, das wissen alle. Und deshalb ist die Bühne für einen flüchtigen Augenblick geteilt. Der Diener setzt die schwarze Kapuze ab, grüßt, hat einen Namen, seine unverzichtbare Aufgabe wird anerkannt, und dann verschwindet er wieder, wie er es gelernt hat, er verbeugt sich, tritt zurück in den Schatten und überlässt die Bühne dem Sensei.
Wenn der nächtliche Marathon beendet ist, die 18 Seiten stehen, verabschiedet Rumiko Takahashi Oda-san.

Beide können nun zu Bett gehen. In ein paar Stunden wird die Armee von Helfern bei ihr eintreffen – sechs fest angestellte Assistenten, die ohne Unterbrechung arbeiten werden, damit die 18 Seiten in wenigen Tagen fertig sind. Eine Woche ist schnell vorbei, und die nächste Ausgabe der Zeitschrift muss auf den Markt. Die Leser warten auf die leichten und gefühlvollen Geschichten. Sie wollen mit RUMIKO TAKAHASHI lachen und weinen, die nicht umsonst DIE PRINZESSIN DES MANGA genannt wird.

KAMUKAI

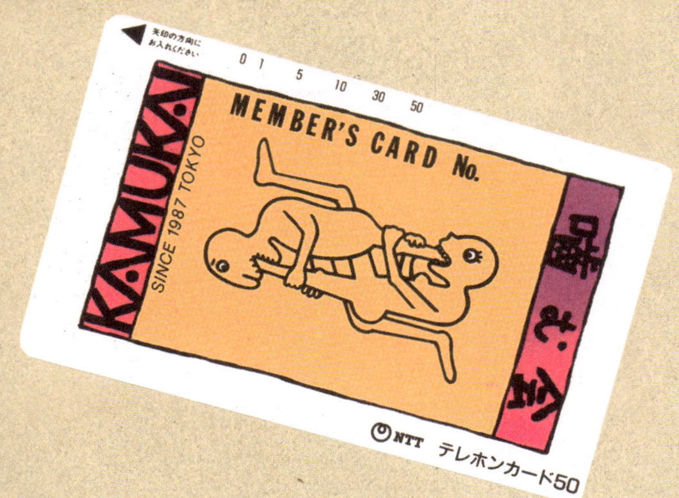

26. April. Roppongi

Ich treffe Yuka und Tamiya-san an einem Ort, der allem Anschein nach TAMIYAs Club ist. Er ist sehr sympathisch und blitzgescheit. Er trinkt WHISKEY zum Bier, wie in Japan üblich. Wir sprechen über Filme, er erzählt mir, dass er auf die Rennbahn gehen will, wenn er nach Italien kommt. Er wettet gern. Tamiya-san ist der Chef des YOUNG-Magazins, von dem wöchentlich ca. vier Millionen Exemplare verkauft werden. Er führt ein Leben auf der Überholspur.

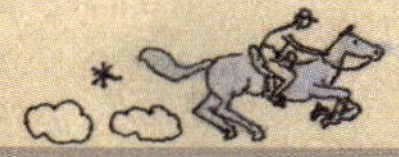

„Ich sehe das so", sagt er. „Jeden Tag um 18:00 Uhr gehe ich Golf spielen, komme, was wolle. Andere Chefs bleiben bis nachts um zwei, ich weiß, aber ich sehe das anders. Wenn ich einen klaren Kopf behalten will, muss ich um sechs aufhören." Er ist auch der Redakteur von AKIRA, einer verlegerischen Ausnahmeerscheinung der letzten Jahrzehnte.

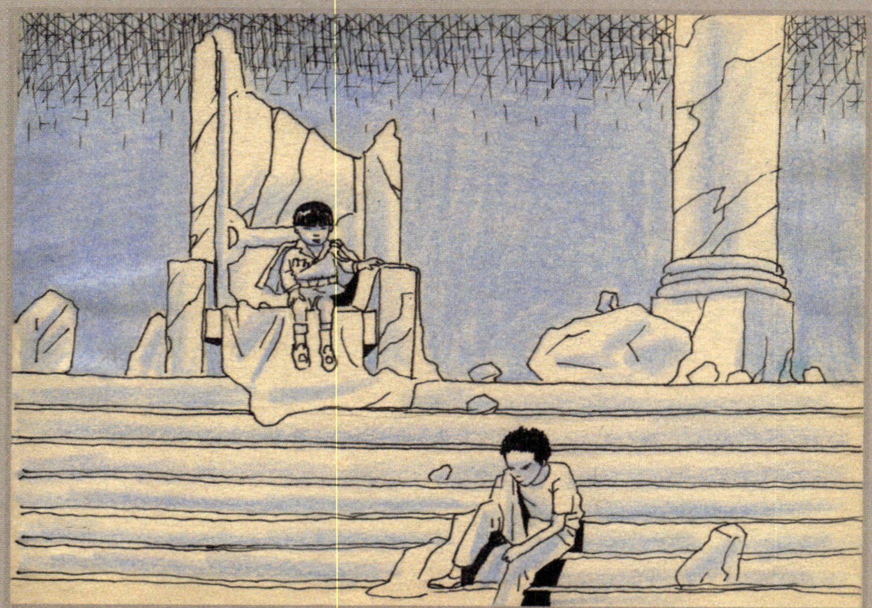

Er erinnert mich an den indischen Arzt Deepak Chopra, dessen Credo lautet: „MINIMALER EINSATZ – MAXIMALES ERGEBNIS".

Aber wie dem auch sei: Hajime Tamiya und ich kommen gut miteinander aus und nutzen jede Gelegenheit für ein Treffen, ob in Japan oder Italien. Ich weiß nicht mehr genau, wann er mich schließlich ganz offiziell in seinen exklusiven „Knabber-Club" aufgenommen hat.

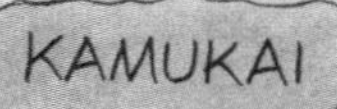

Ich sei „das einzige europäische Mitglied", sagte er feierlich. Und einer der wenigen Männer. Die Treffen fanden abends nach der Arbeit statt. Die meisten Mitglieder waren Frauen. Sie tranken Wein und knabberten an ihrem Nachbarn. Eine Art sinnbildlicher Kannibalismus, wenn man so will. „Es ist ein bisschen pikant", erläuterte TAMIYA-san mit Kennermiene.

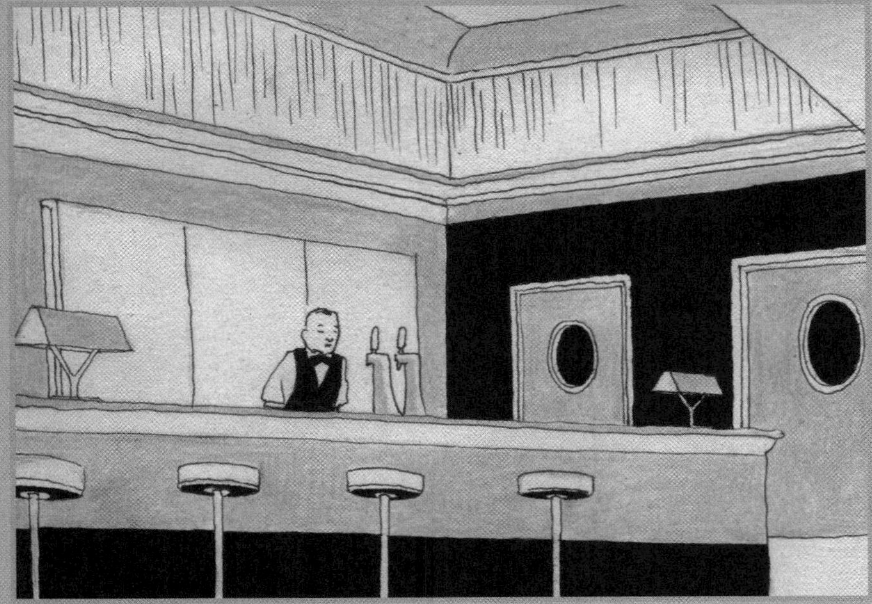

Ich brauche nicht zu erwähnen, dass ich kein einziges Mal teilnahm, geschweige denn eingeladen wurde, wenn geknabbert wurde. Dafür konnte ich Aufsehen erregen, wenn ich bei wichtigen Anlässen meinen ungewöhnlichen Mitgliedsausweis zückte.

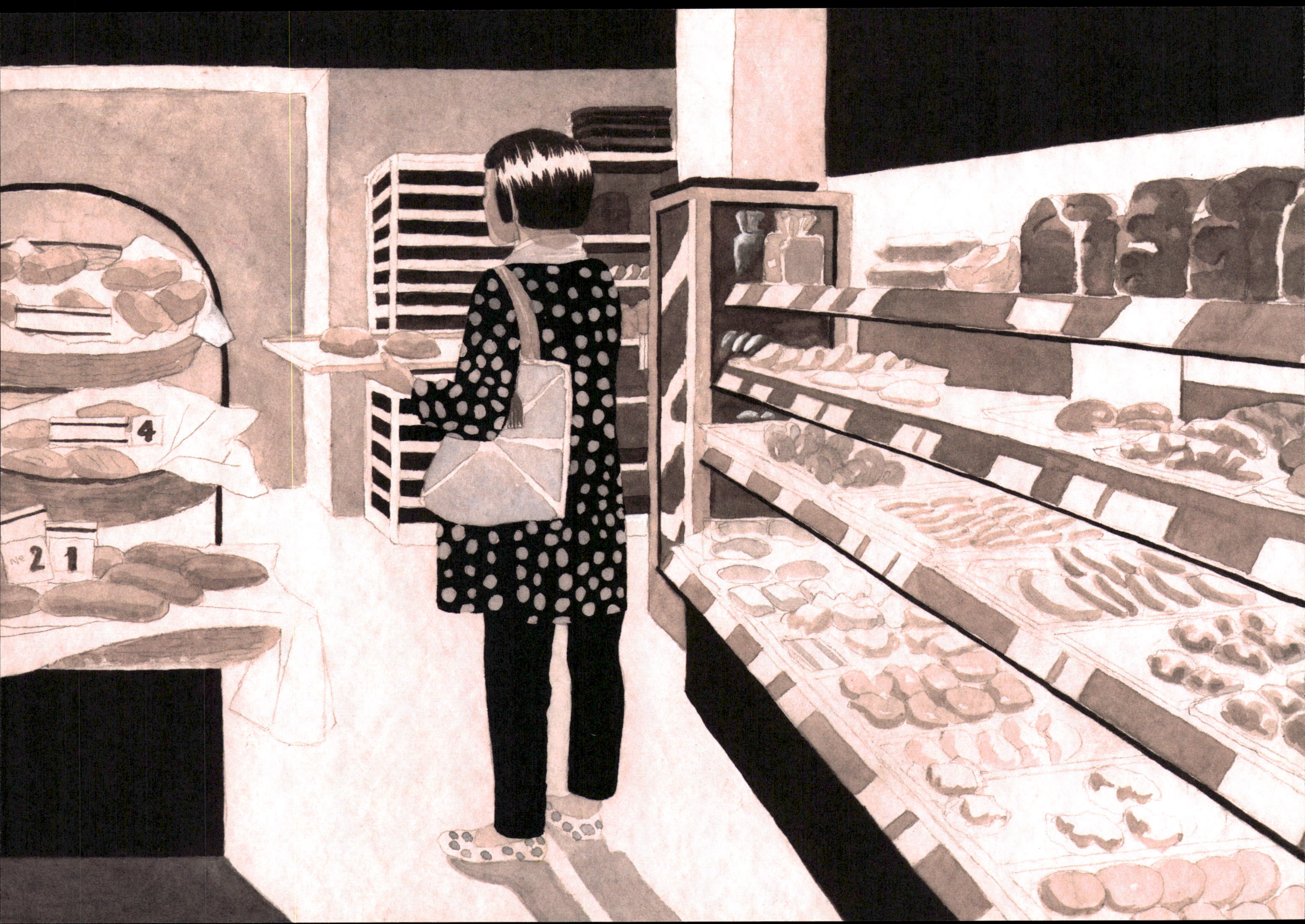
4
№ 2
1

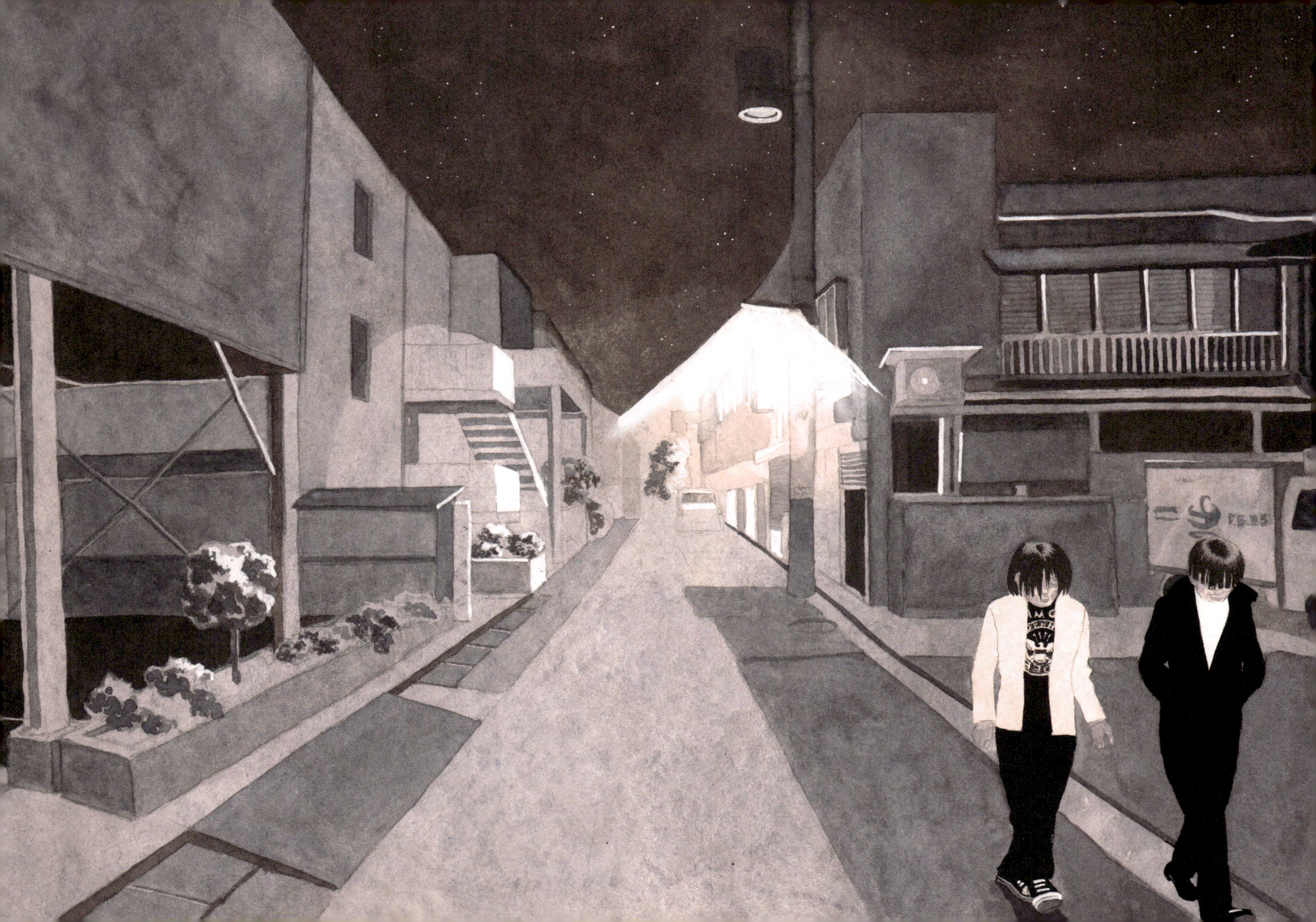

MUSIC
FOR
JAPANESE
AMBIENTS 2

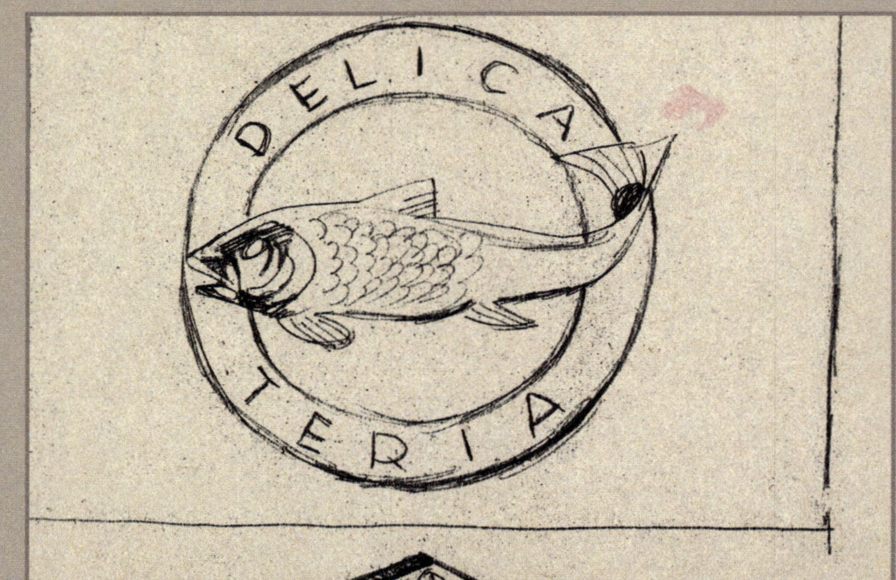

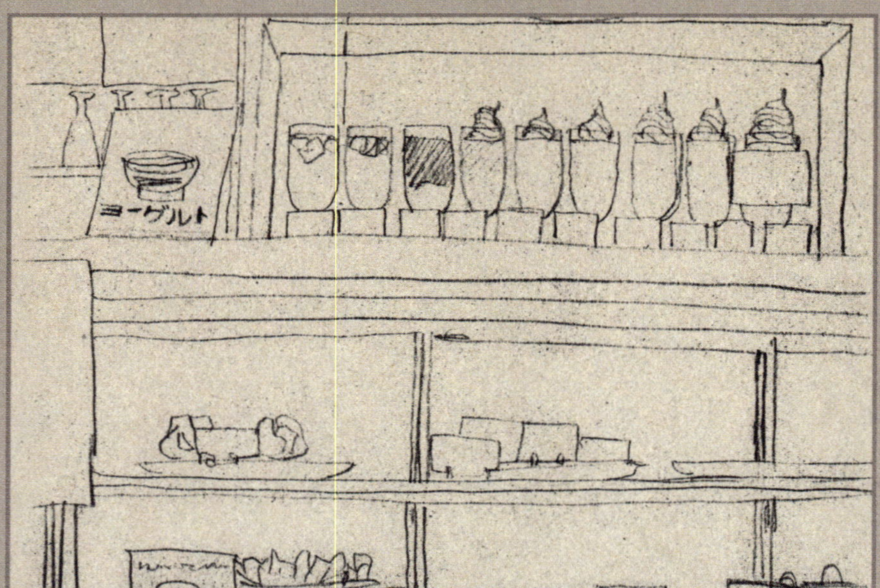

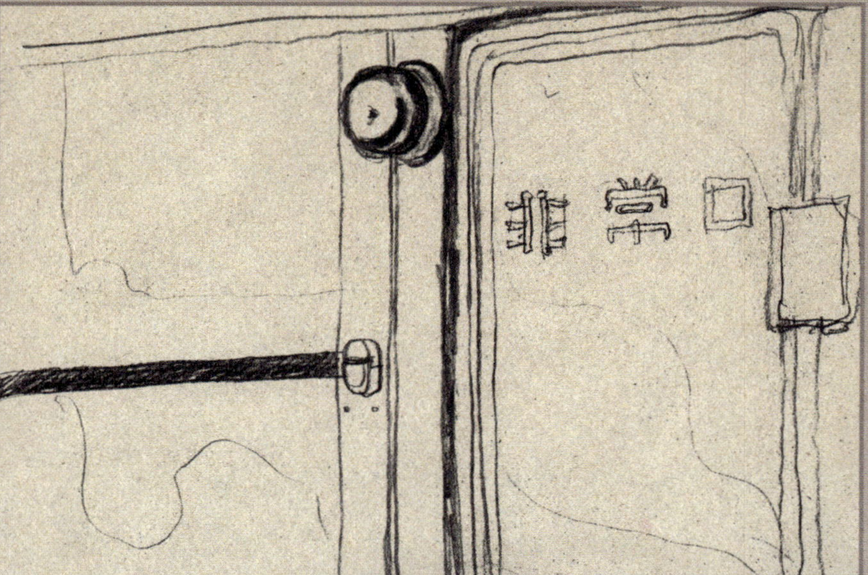

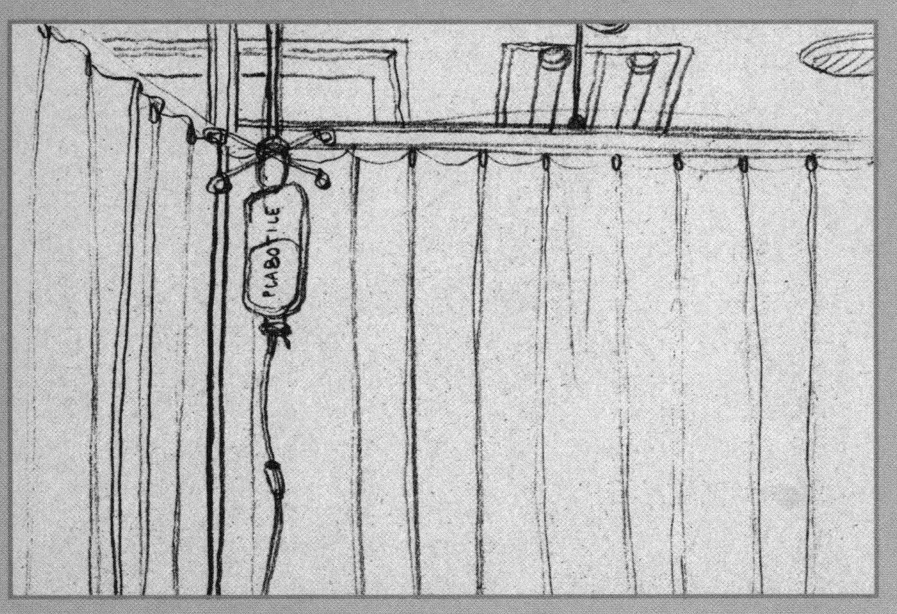

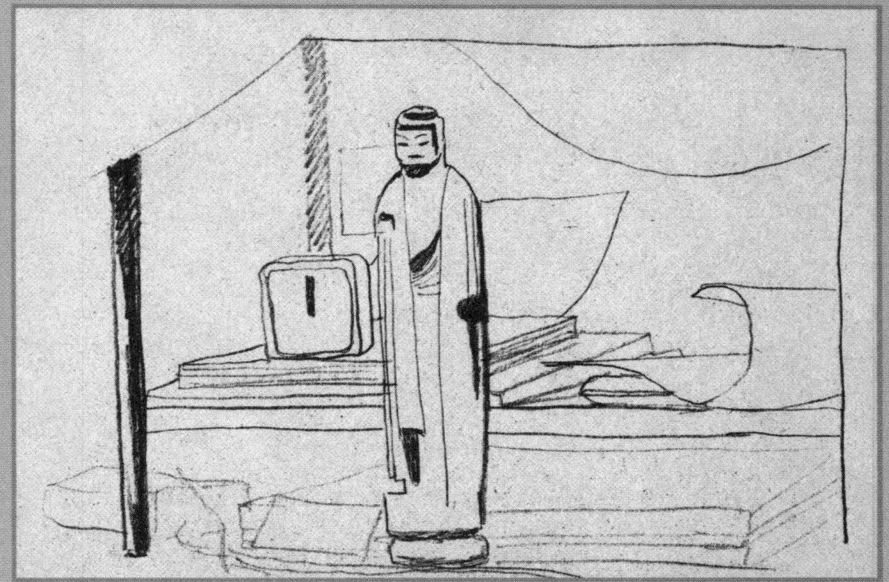

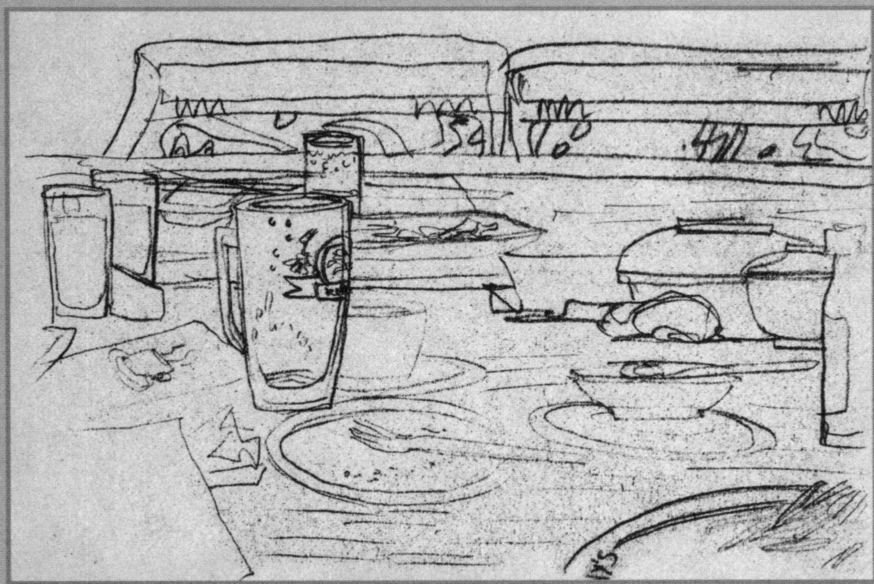

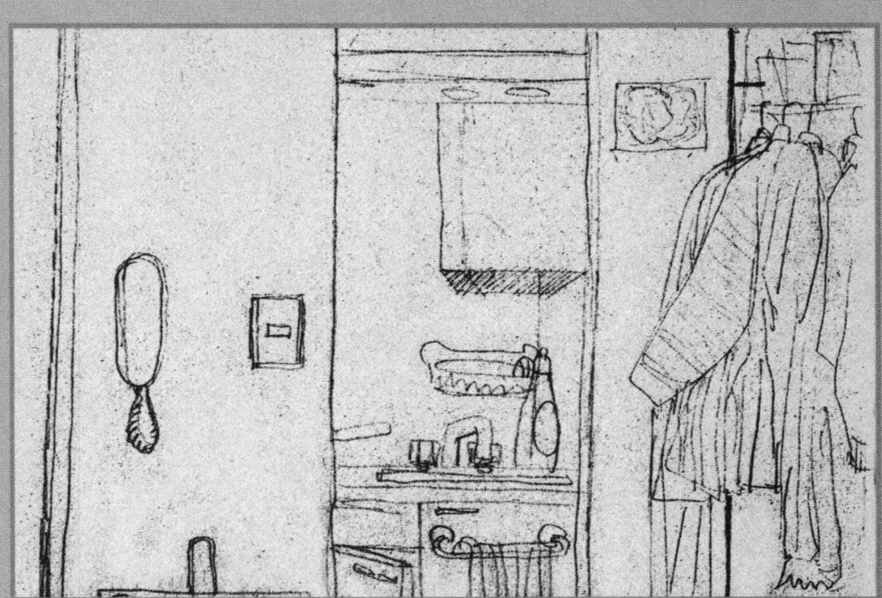

16. Juli 2015

TRAUM

Im Traum wird mir ein Dokument überreicht: eine Bescheinigung über die Teilnahme an einer japanischen Kur. Das Dokument bestand aus einer dunklen, irgendwie glitschigen Masse und hatte die Form eines Fisches.

Ungefähr so:

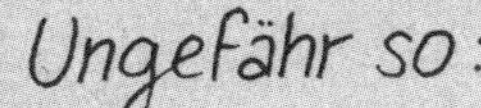

Ich betrachtete es, versuchte zu verstehen, worum es sich handelte, und öffnete es. Der dunkle Körper, der einem kleinen Baumstamm ähnelte, war dreidimensional und an den Papierfasern befestigt.

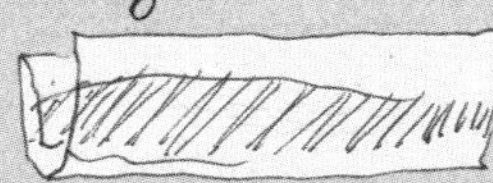

Anfangs lag er horizontal, wie ein eingewickelter Fisch.

Nachdem das Blatt aufgeschlagen war, richtete sich die Masse auf. Aus dem Stamm wuchsen verschiedene BLÄTTER: die KRÄUTER, die mich geheilt hatten.

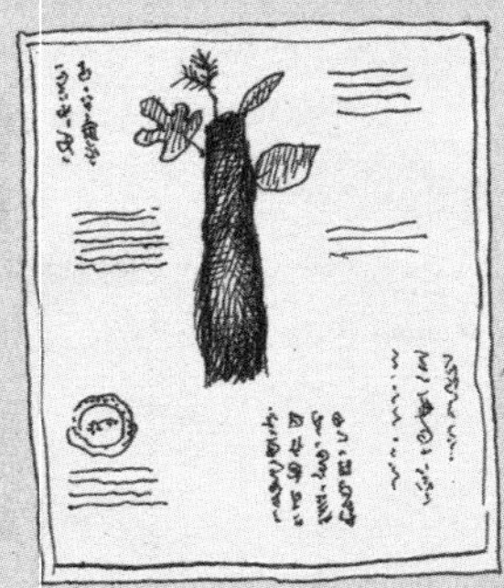

Bescheinigung über eine JAPANISCHE Kur

Viele wissenschaftliche Bezeichnungen der Kräuter waren aufgeführt.

Ich erinnere mich nicht an eine solche japanische Kur.

Dann tauchte etwas aus der Erinnerung auf. Die Konsistenz des Papiers ähnelte der vietnamesischer Sommerrollen. Eine durchscheinende, gallertartige Masse (Reispapier), die ich nicht unangenehm fand. Es erinnerte mich an Asien.

AUTUMN
秋

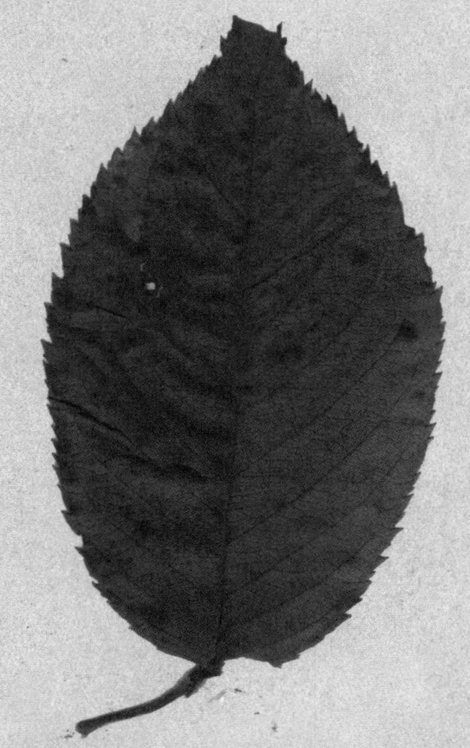

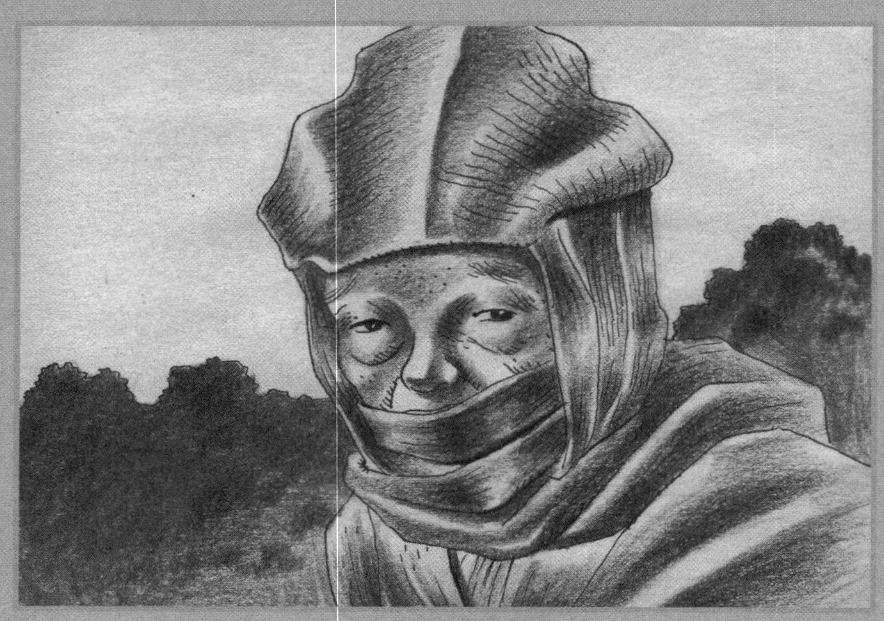

Sendagi 2 chome – BUNKYO-KU

Nach Monaten des Herumstreunens auf der Suche nach meinem Meister fand ich ihn ganz in der Nähe. Ich war oft im TAKUBOKU DOJO in Yanaka.

Meine Aufnahme ins Dojo war genauso rätselhaft, wie man es aus traditionellen ZEN-Geschichten kennt. Der Mann, der mir öffnete, stellte sich als Bediensteter vor und brachte mich ins obere Stockwerk, wo die Meditationssitzungen abgehalten wurden.

„Wir wollen kein Geld, höchstens eine Spende für den Tee, den wir ausschenken", sagte er. „Aber Sie müssen eine kleine Prüfung absolvieren. Nehmen Sie die Sitzhaltung ein und bleiben Sie in dieser Position."

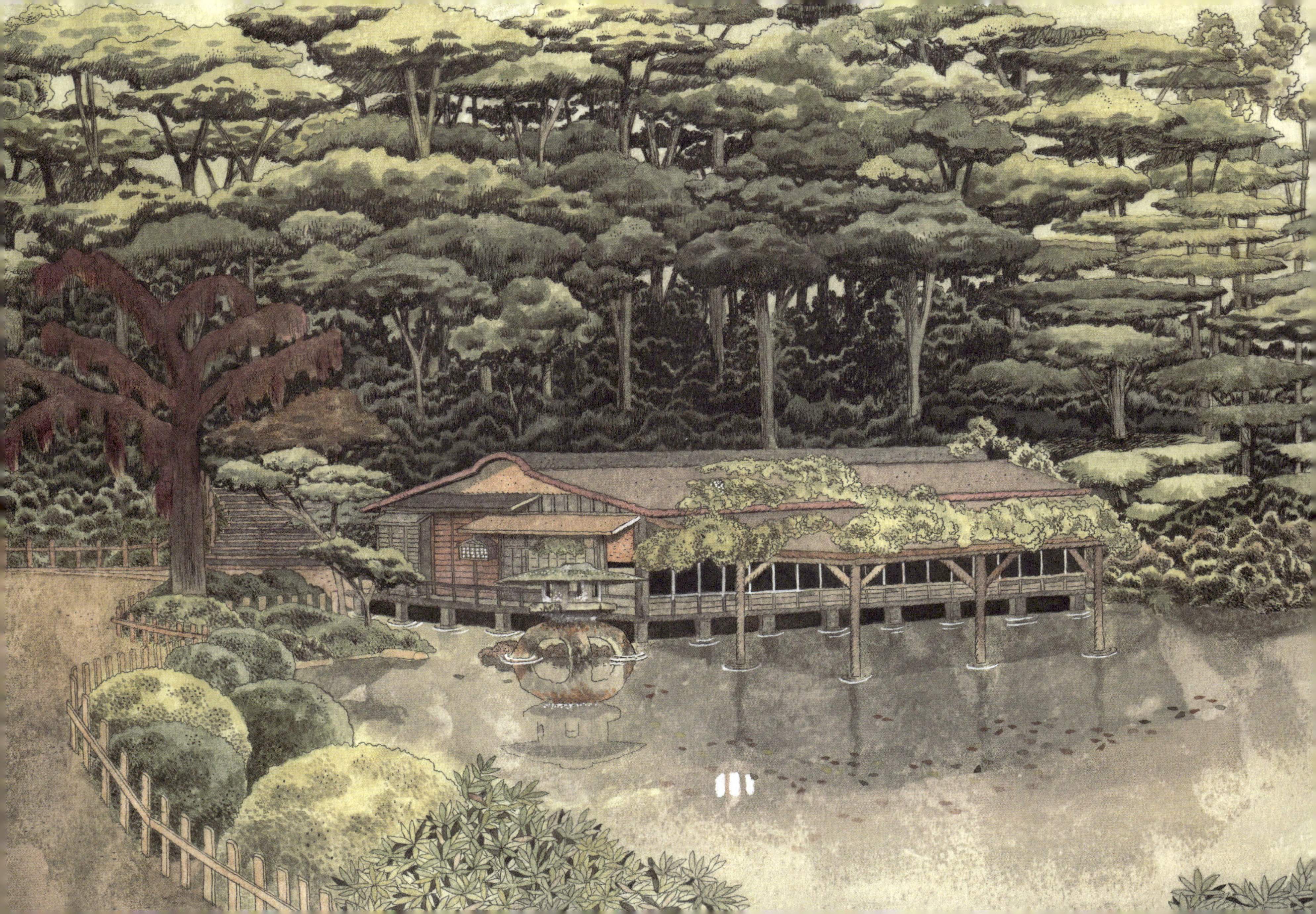

Man durfte die anderen nicht stören. Die Sitzungen waren lang. 45 Minuten in Reglosigkeit, dann wenige Minuten Pause und weitere 45 Minuten. An einer Kleinigkeit, die ich nicht verraten darf, erkannte ich, dass dieser Mann praktizierte.

Ich fragte ihn: „Sind Sie der Meister?" Er erwiderte, er sei nur ein Bediensteter.

Er brachte mich zu einem ERLEUCHTETEN.

Ein vollkommen unbedarft wirkender 16-Jähriger, dem ich danach nie wieder begegnen sollte.

Tags darauf stellte sich heraus, wer der Bedienstete wirklich war:

DER MEISTER.

Er leitete die morgendlichen Sitzungen um 6 Uhr an, an denen ich immer teilnahm. Danach setzte ich mich gern an den Zeichentisch.

Dieser Ort der Disziplin sollte mir ans Herz wachsen, und die Menschen, die ich dort traf, wurden zu dem, was ich damals am ehesten als Familie bezeichnet hätte.

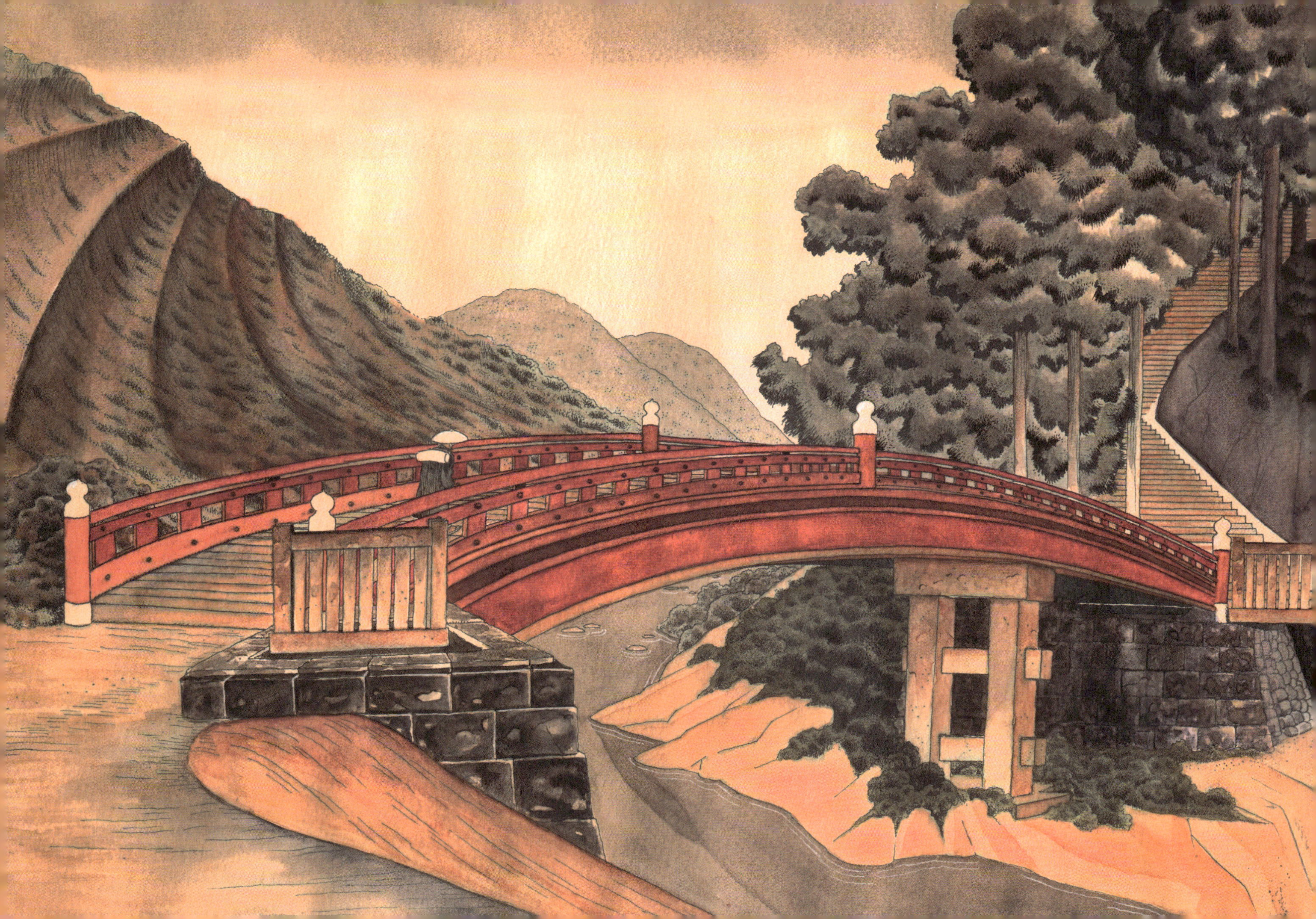

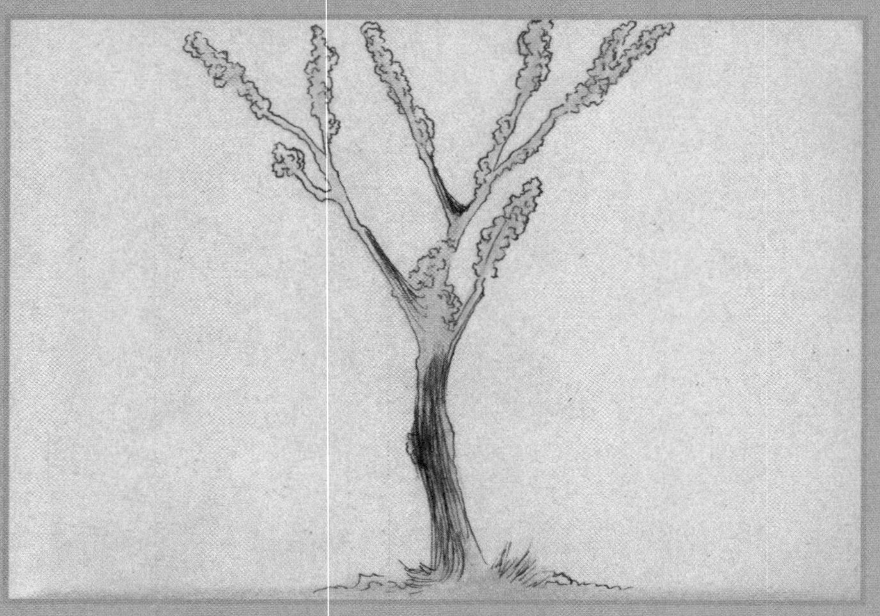

TOKIO – IN DER NACHT VOM 18. AUF DEN 19. APRIL 1994

Angst ergreift Besitz von mir. Ich starre reglos an die Decke, die Sonne geht gerade auf. Vorm Fenster der blühende Pflaumenbaum. Langsam stehe ich auf und bereite einen Tee. Ich kann mit dem Leben spielen, das habe ich gelernt, aber in der Nacht kommen dann doch die Ängste.

Ich müsste in die Stille eintauchen, um Abstand zu all den Problemen des Alltags zu finden. Ich sammle meine Kräfte, wasche mich und ziehe mich an. Ich überquere die verwaiste SHINOBAZU DORI und gehe die Straße zu den Tempeln hinauf. Endlich erreiche ich Yanaka mit seinen Krähen:

KRAAAAA KRAAA KRAAAAA

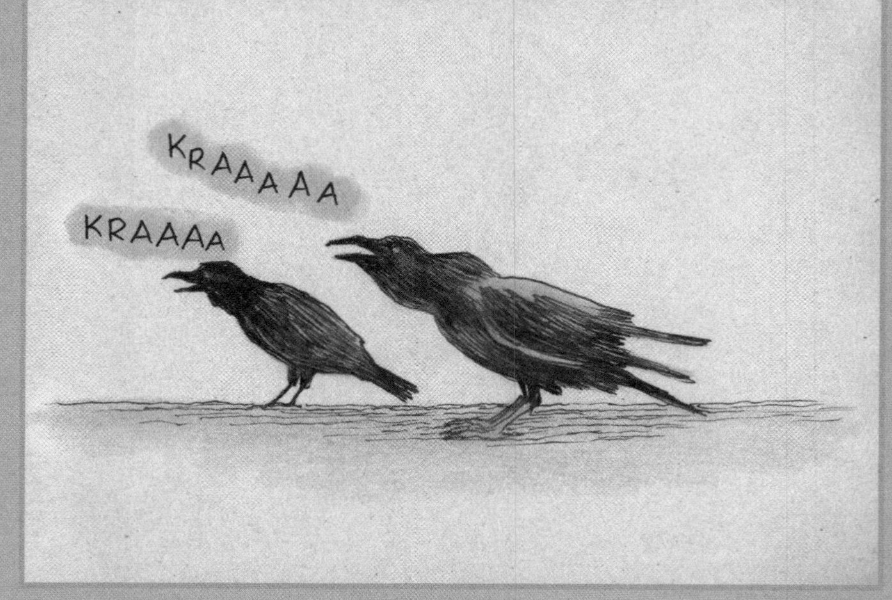

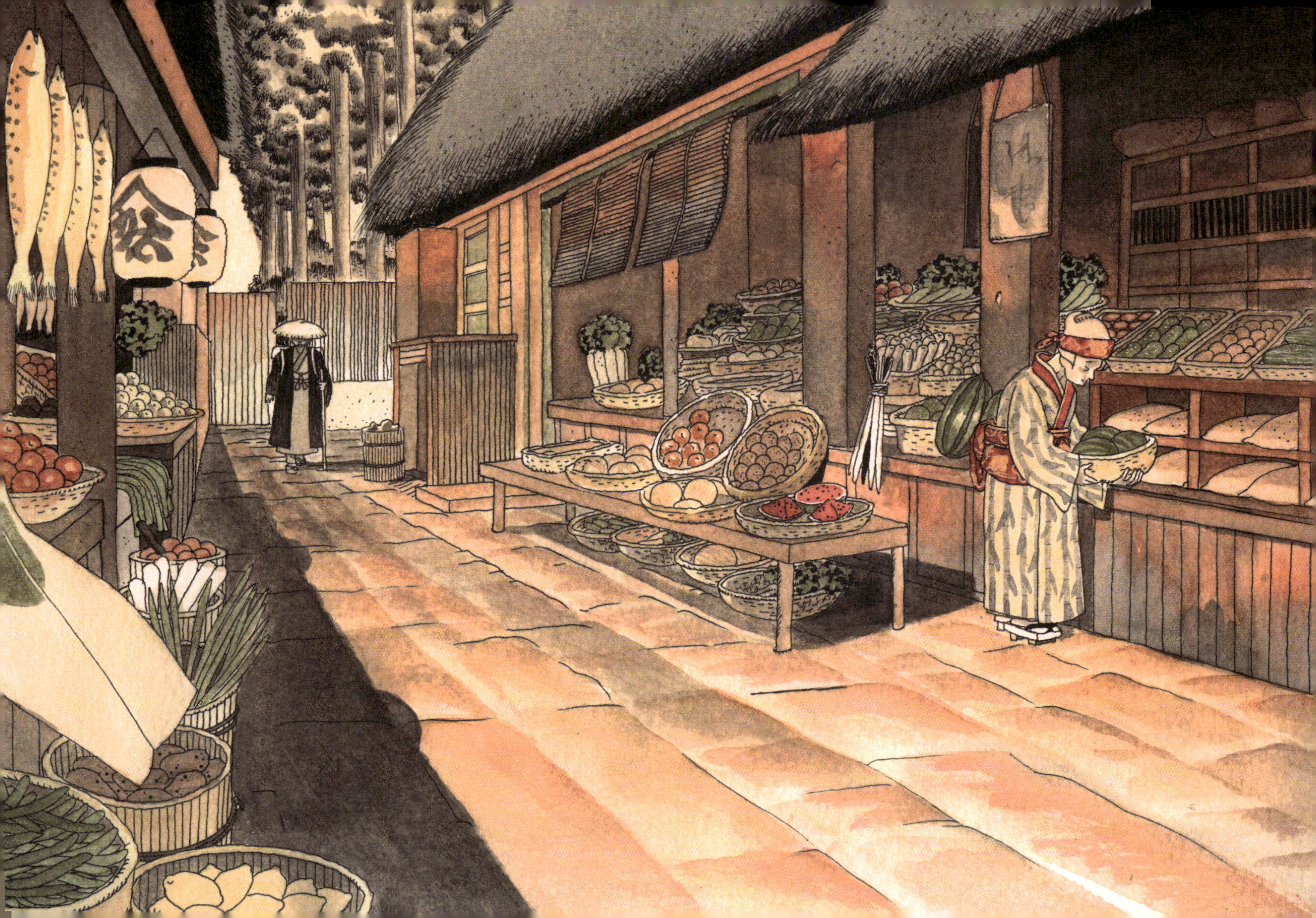

TENNOJI
DOJO
YANAKA
5/7 min
TEMPLE
7/8 min
DANGOZAKA SHITA
POLICE
PUB
7/8 MIN
Sendagi

10. Mai

Der Weg selbst ist Meditation, ich zähle die Schritte und verbinde sie mit dem Atem. Es ist zehn vor sechs Uhr morgens, ich habe knapp dreieinhalb Stunden geschlafen und fühle doch diese Leichtigkeit, die mich trägt. Der Takuboku scheint menschenleer. Ich trete ein. Jetzt sitze ich hier in der Umkleide und schreibe.

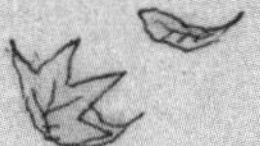

Diese reinen Klänge, eine Glocke, von einem Klöppel angeschlagen, das Knistern der Blätter unter den Besen der Mönche zerschneidet die Luft.

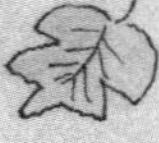

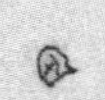

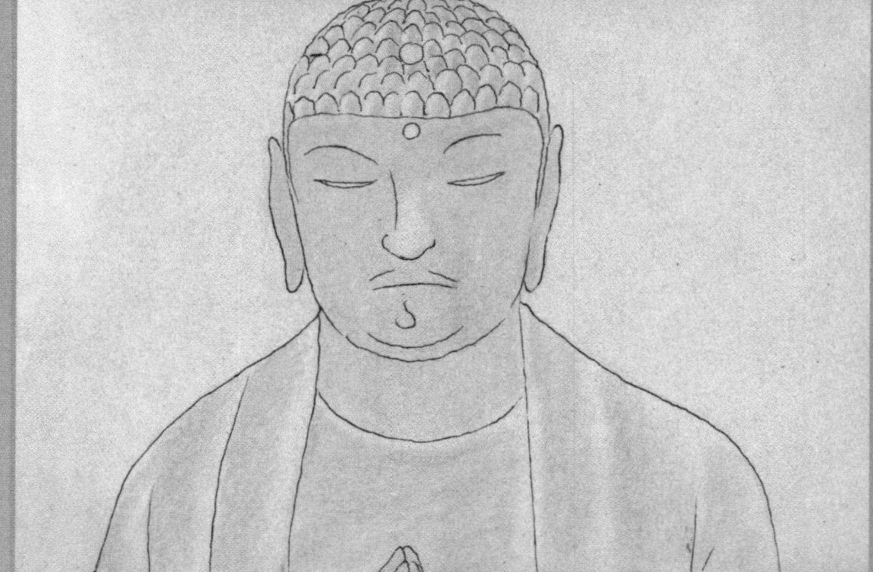

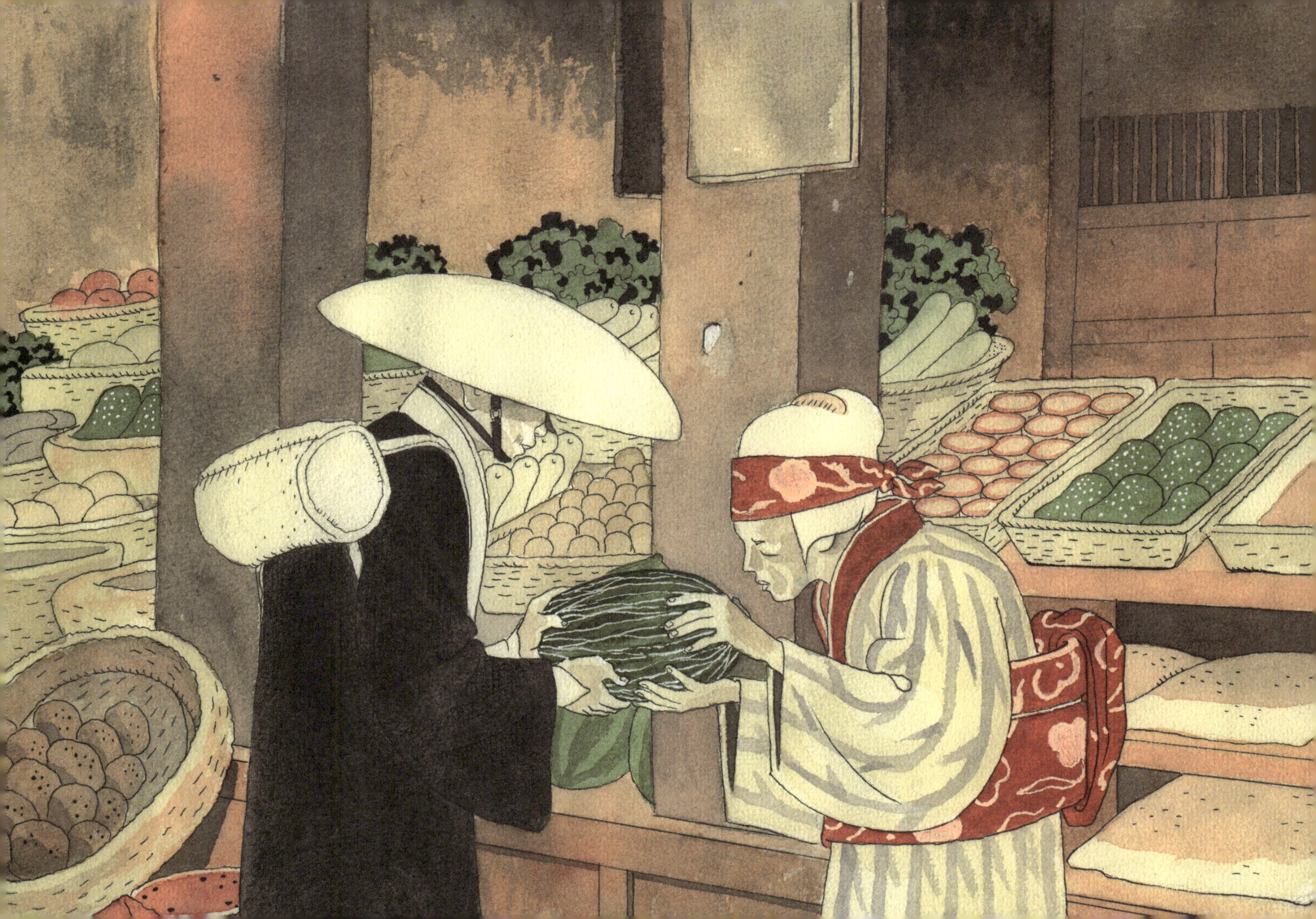

1. MAI 1994 – SENDAGI

Ich lebe in einer winzigen Wohnung. Alles ändert sich, wenn die Räume sich ändern. Man kann keine Bücher aufheben, weil sonst kein Raum zum Leben bleibt, der diese Bezeichnung verdient hätte. Trotzdem bin ich glücklich hier – heute Morgen hat mich die Erschütterung eines Erdbebens geweckt.

Ich hatte bis morgens um fünf gezeichnet und lag um 9:30 Uhr noch auf meinem Futon, als der Stoß kam. Es fühlte sich an, wie auf dem Rücken eines Drachen zu liegen. Lachend bin ich aufgewacht.

Ich hörte die Lautsprecherdurchsage der nahe gelegenen Grundschule: „Zieht die Schutzkleidung an", „Bleibt ruhig", wurden die Schüler aufgefordert.

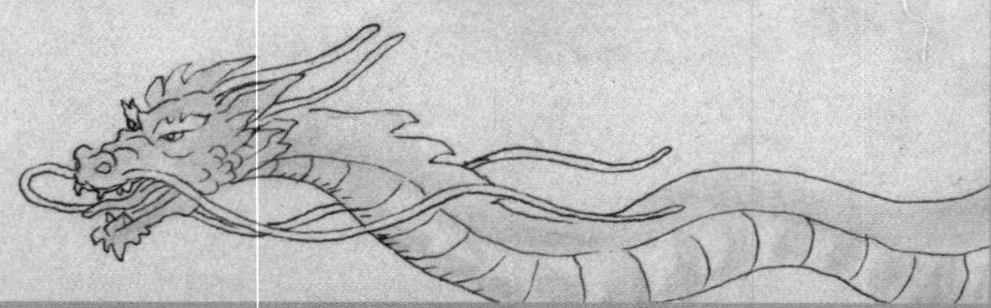

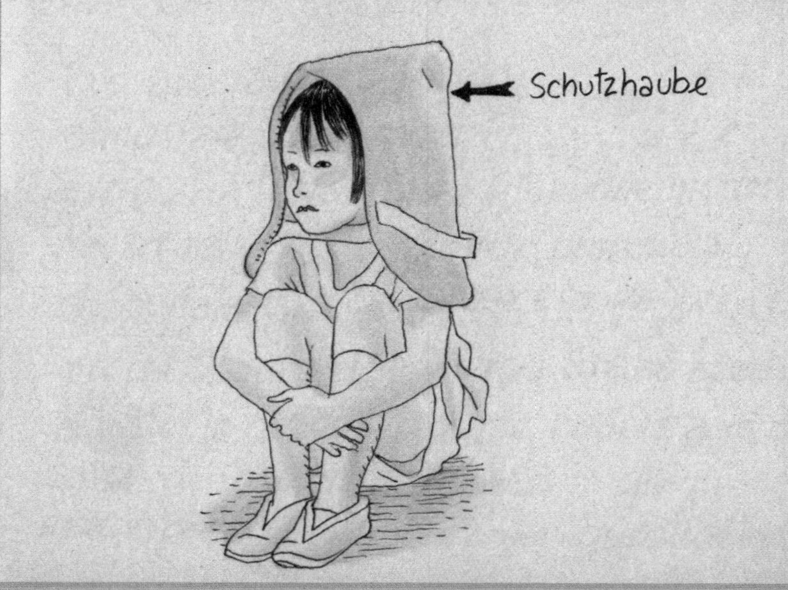

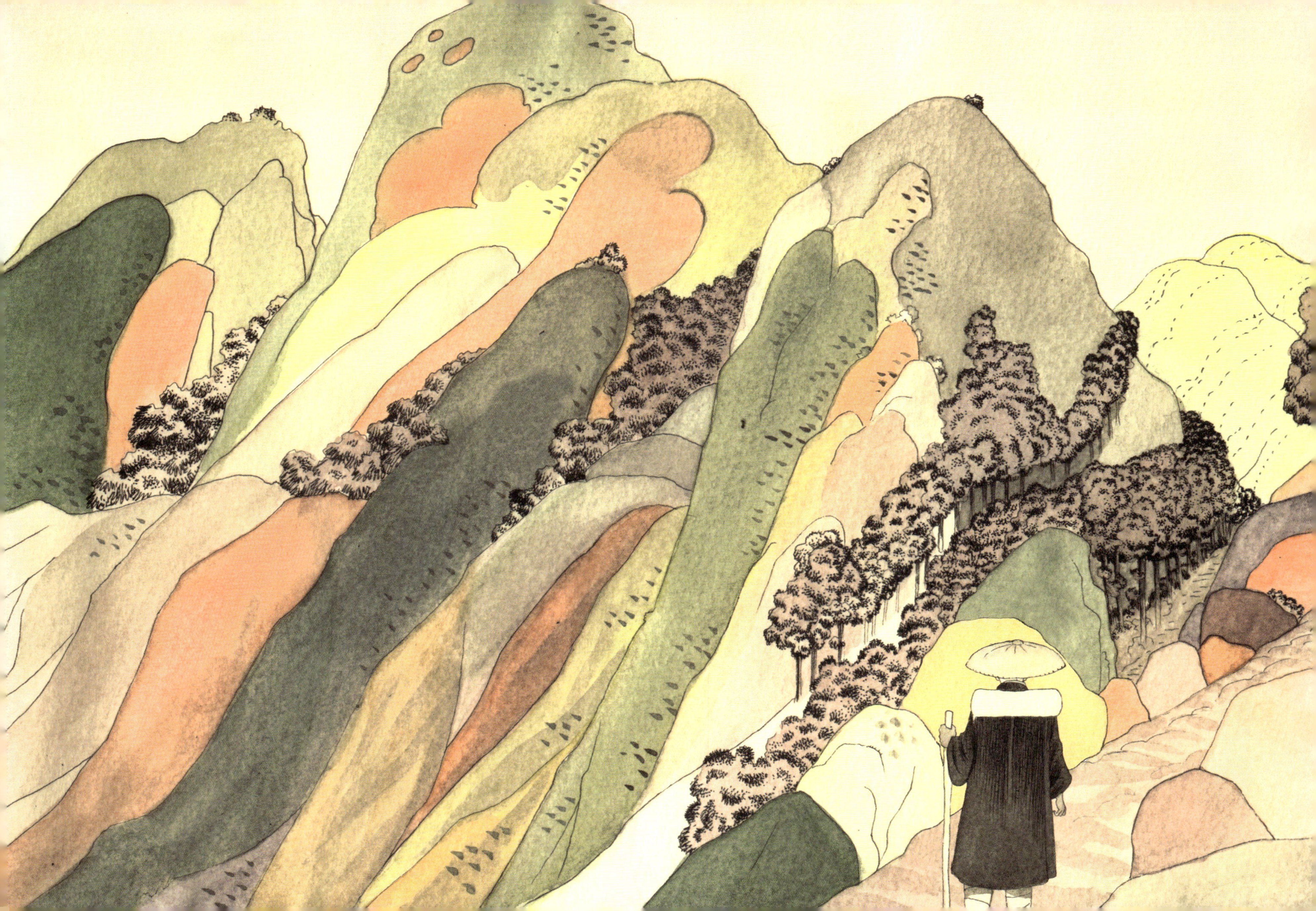

POP

Ich war in der Erwartung angereist, die schwebende Atmosphäre aus OZUs Filmen vorzufinden, und wurde vom modernen Japan überwältigt. Ich erledigte meine Einkäufe in COMBINI (Abkürzung für CONVENIENCE STORE), regelrechte Warentempel. Sie waren rund um die Uhr geöffnet. Nachts wehte der strenge Geruch von Sojasoße durch diese oft winzigen und meist grell erleuchteten Räume.

Manche kauften frisch gedämpfte Teigtaschen, andere lasen in Zeitschriften. Ich spürte die Einsamkeit und Müdigkeit der japanischen Angestellten.
Die Redakteure, mit denen ich befreundet war, arbeiteten zu unbegreiflichen Uhrzeiten. Und diese Hingabe galt als selbstverständlich. So war es und basta.

Das stimmte mich sehr nachdenklich. Monate nachdem ich angekommen war, gestand ich YUKA am Telefon:
„Ich mag das Leben in Japan."
Woraufhin sie antwortete: „Du magst dein Leben in Japan."

Ich hatte begriffen.

Ich lebte auf meinem Planeten, dem MANGA-Planeten, und genoss alle Privilegien eines Autors. Keine festen Arbeitszeiten, keine Pflichttermine. Ich wurde von den Redakteuren verhätschelt. Das war natürlich eine Sonderbehandlung, die nichts mit dem Leben von YUKA oder irgendeinem anderen Verlagsangestellten gemein hatte.

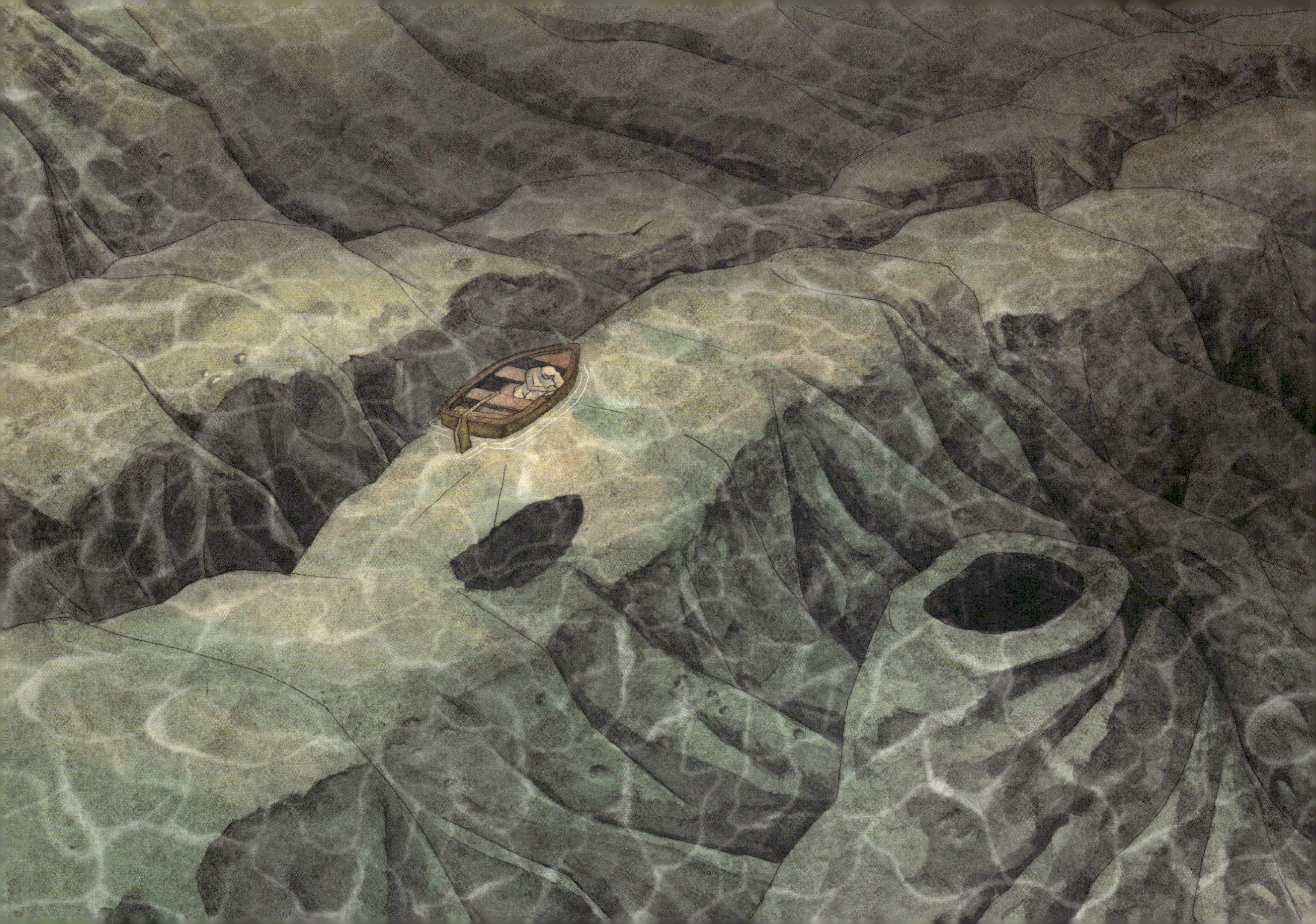

Der oberste Chef meiner Abteilung, KURIHARA-SAN, sagte eines Abends zu mir: „Japan ist wie eine Schatulle. Um den kostbaren Inhalt zu entdecken, muss man herkommen und aufmerksam zuhören."
Das Echo dieses Satzes hallte Reise um Reise in mir wider. Ich musste Spuren folgen, die sich hier und da zeigten, um zu verstehen, dass es auch bittere, manchmal sogar dekadente Gefühle gab, und hatte auf diesen Wegen die verborgenen Stimmen großer Erzähler entdeckt.

UNTERGEHENDE SONNE

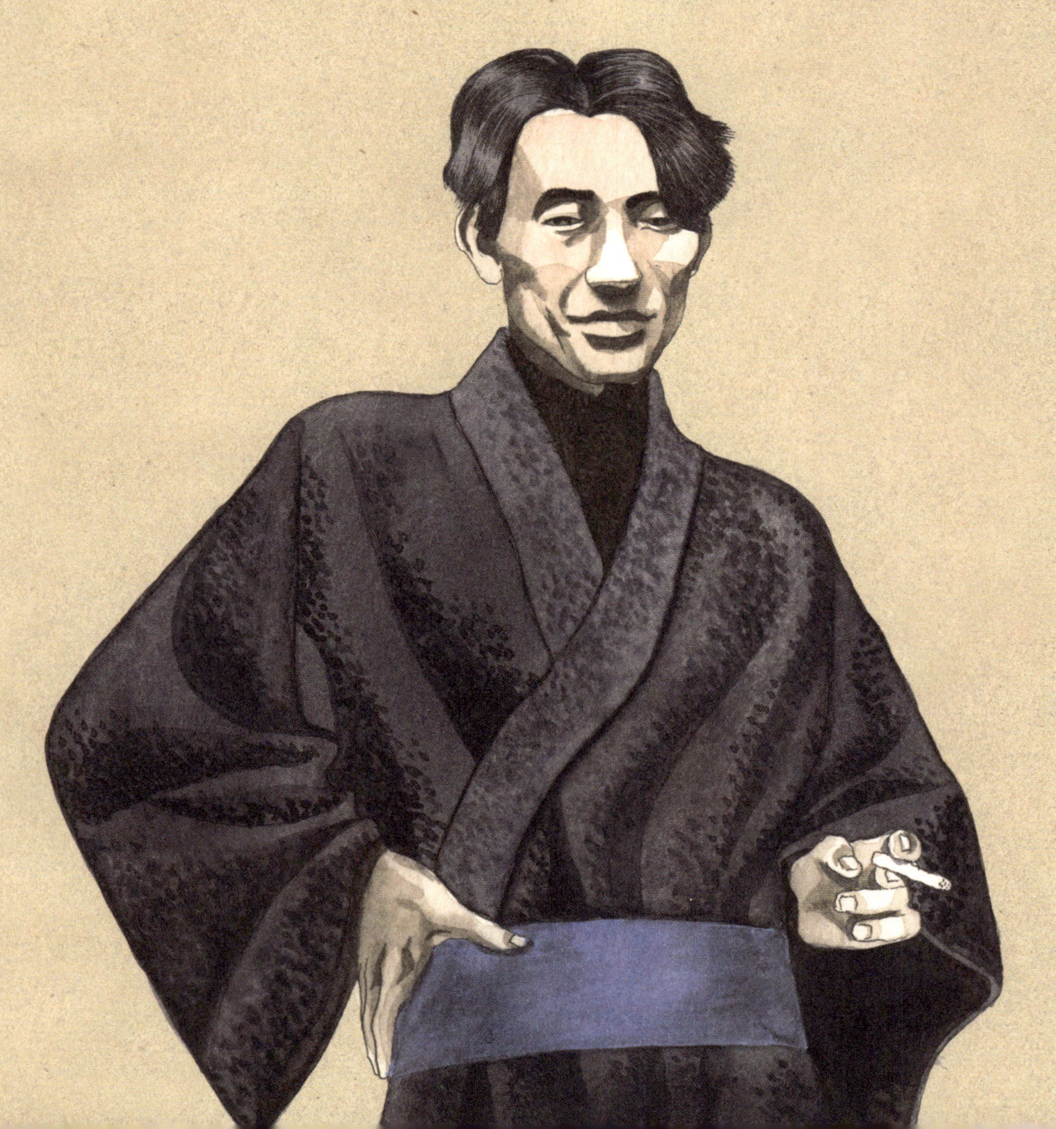

1948, im Juni, stirbt ein äußerst begabter, verzweifelter Mann durch die eigene Hand: Osamu Dazai (eigentlich Tsushima Shuji). Autor eines schmalen Werks, das heute noch gelesen und übersetzt wird. Etwas an seiner Art, die Dinge zu sehen, erinnert mich an die Gebrüder TSUGE. Und an die GEKIGA-Bewegung.

Er war ein Vertreter der BURAIHA-Strömung oder Schule der Dekadenz. Und häufig nutzte er die SHISHOSETSU-Technik, in der ein ICH-ERZÄHLER mittels autobiografischer Erzählstimme die dunkle Seite der Gesellschaft darstellt.

„Die sinkende Sonne", in den ersten Nachkriegsjahren veröffentlicht, erzählt vom Untergang einer Adelsfamilie. Naoji, der in den Wirren des Pazifikkrieges verloren Geglaubte, und seine Schwester Kazuko liefern sich einen verbalen Schlagabtausch mit der Mutter. Es ist die Rede von Schlangeneiern, die großes Unglück verheißen.

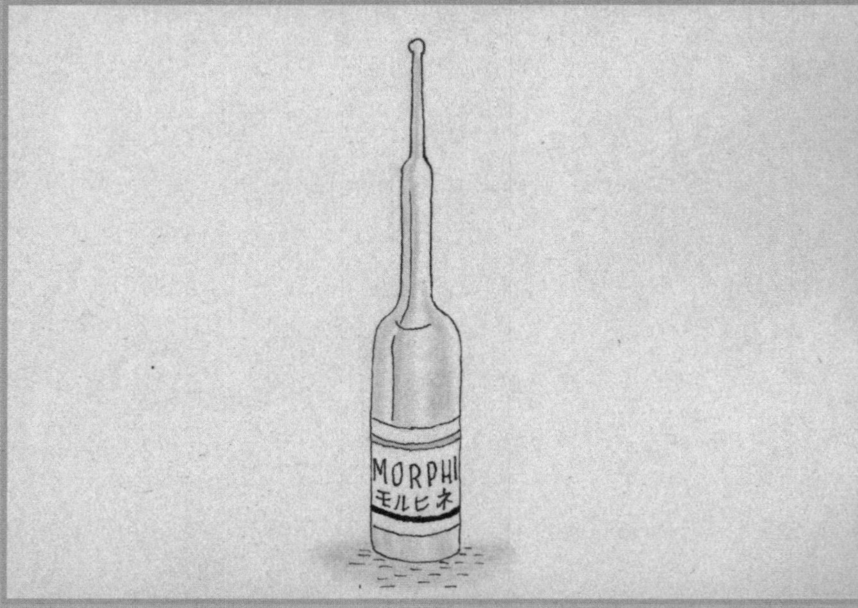

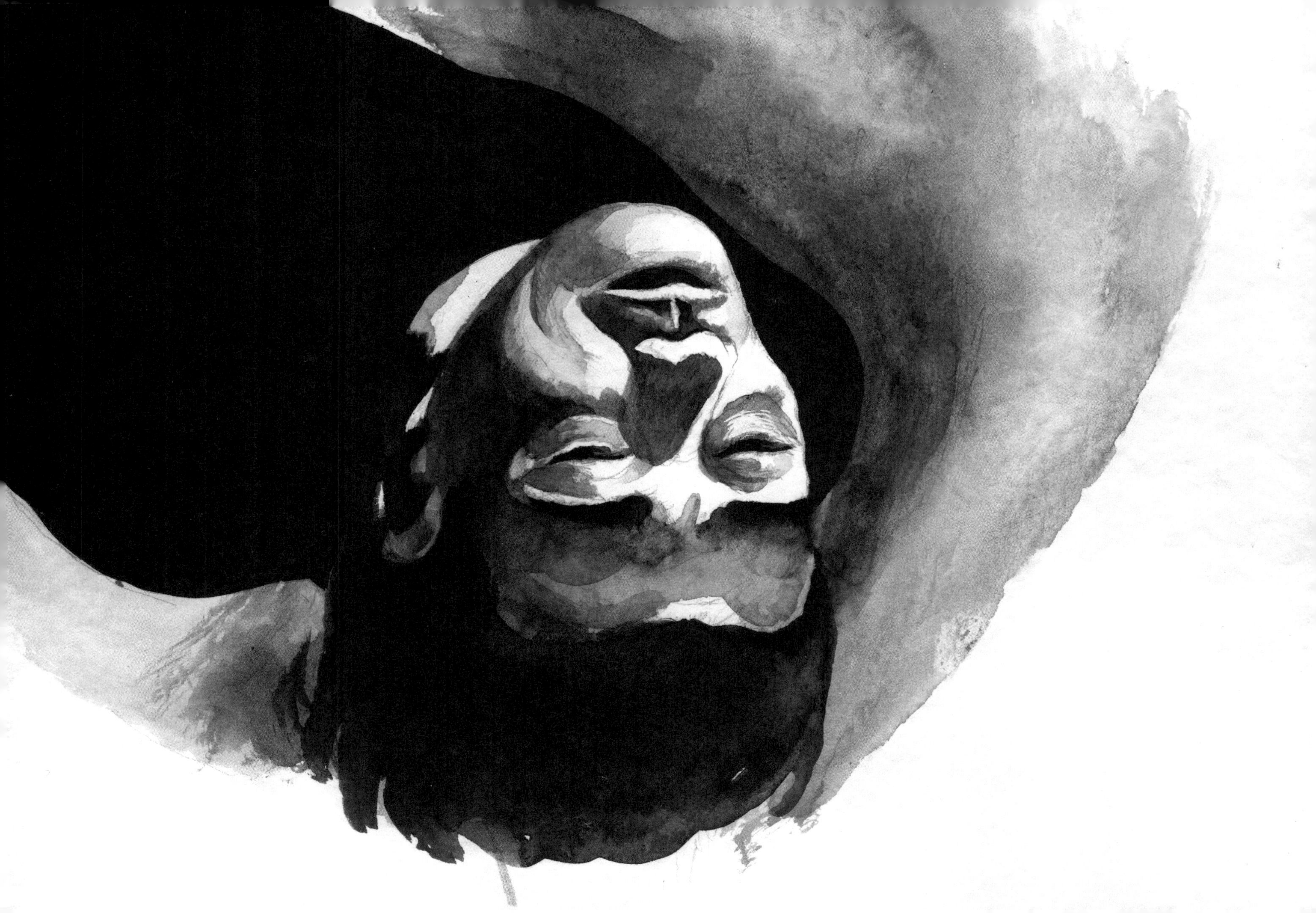

Dann kehrt Naoji aus dem Krieg zurück – das Warten hat ein Ende. Doch er ist morphiumsüchtig und behandelt seine Familie grausam.
Während einer seiner tagelangen Abwesenheiten findet Kazuko das TAGEBUCH DER MONDBLUME mit den Notizen des Bruders.
„Morphium, Atromol, Narkopon, Philipon, Pantopon, Pabinal, Panopin, Atropin.

Was ist Selbstachtung? Selbstachtung! Ein menschliches Wesen, der Mensch selbst, kann nicht weiterleben, ohne zu denken. Ich bin Teil der Elite."
Wenig später nimmt Naoji sich das Leben. Der Werteverfall, die Darstellung der Orientierungslosigkeit in diesem Roman sorgten für Aufsehen. Der Begriff „Volk der sinkenden Sonne" wurde geprägt.

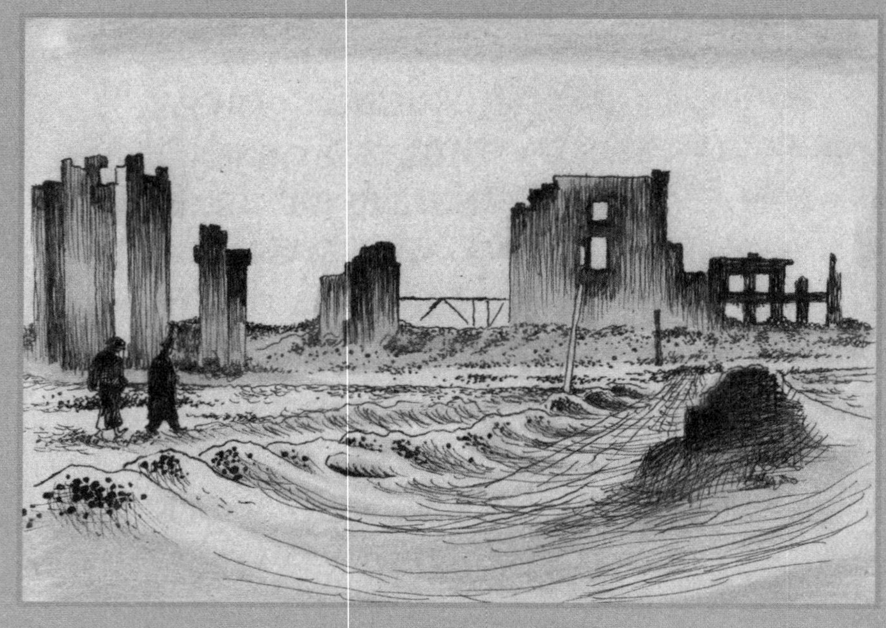

Sein zweiter Roman „Gezeichnet" erschien im darauffolgenden Jahr und hatte enormen Erfolg. „Ich habe in großer Schande gelebt." Er enthält viele Motive der Dekadenz, die DAZAI so prägte. Das Leben war ihm eine Bürde, er hatte mehrfach versucht, ihm ein Ende zu setzen. Die Zeit nach dem Krieg erlebte er am intensivsten. Japan suchte nach einer neuen Identität, die Niederlage hatte tiefe Wunden hinterlassen.

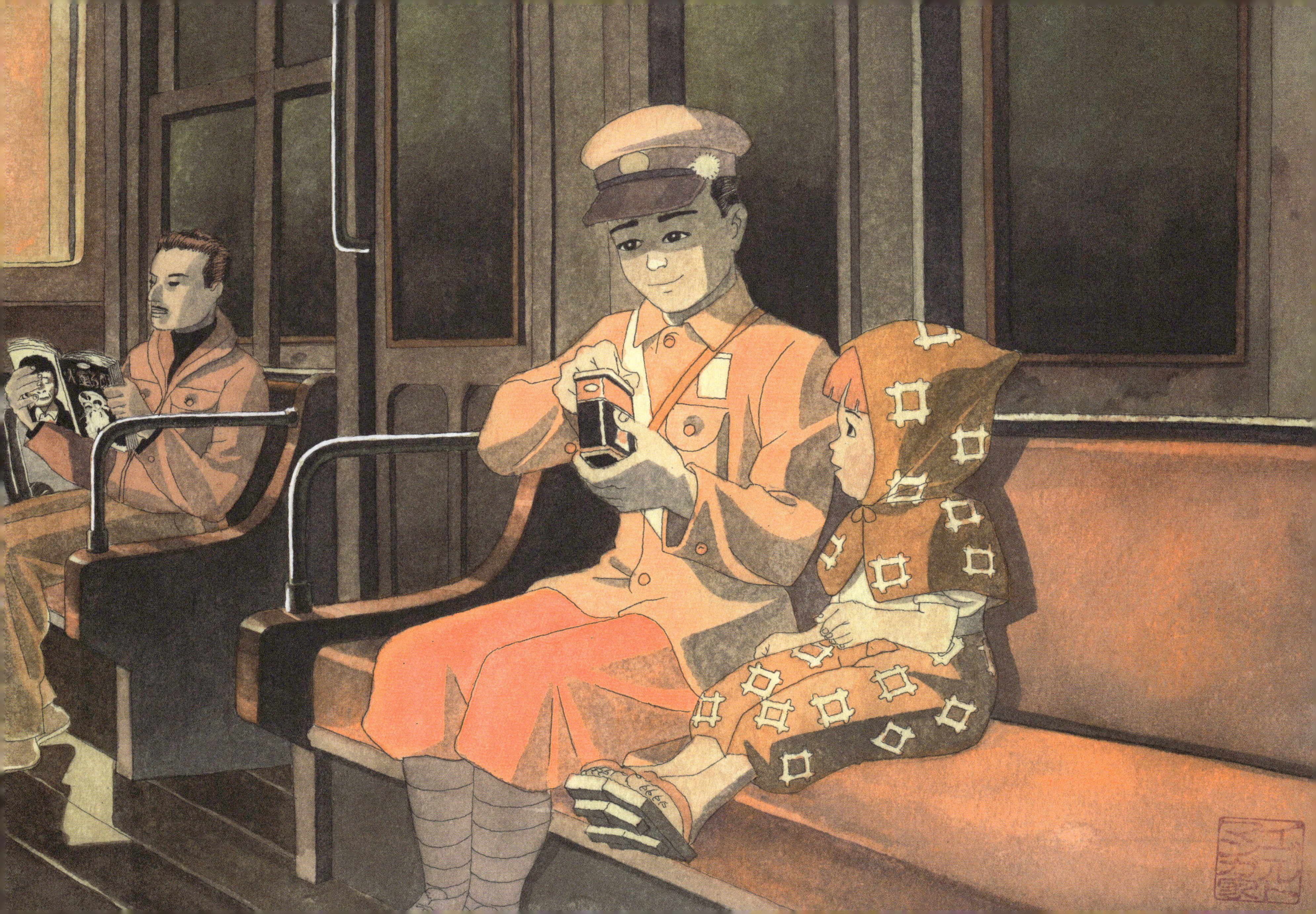

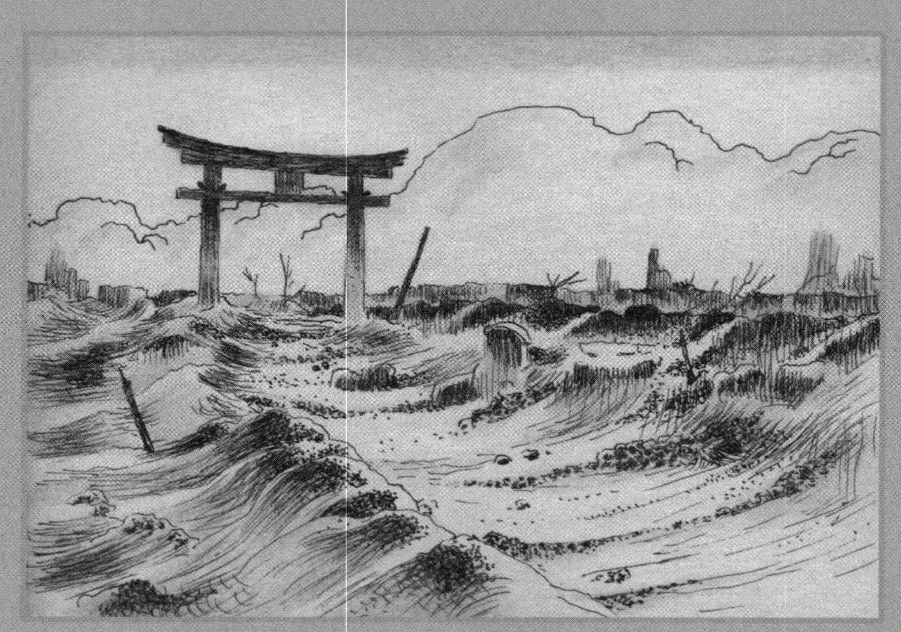

Diese Lektüre ebenso wie die Werke der Brüder Tsuge oder Anthologien mit Erzählungen von Tatsumi hatten meinen Glauben an Geschichten gefestigt.

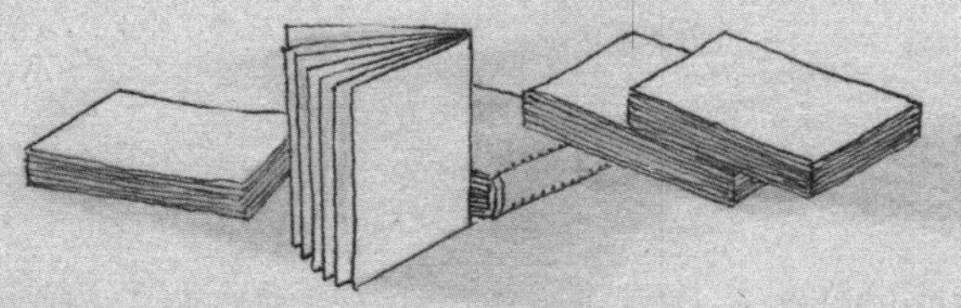

Die japanische Kultur erschien mir wie eine abwechslungsreiche Landschaft mit hohen Gipfeln der Schönheit und Abgründen der Verzweiflung.

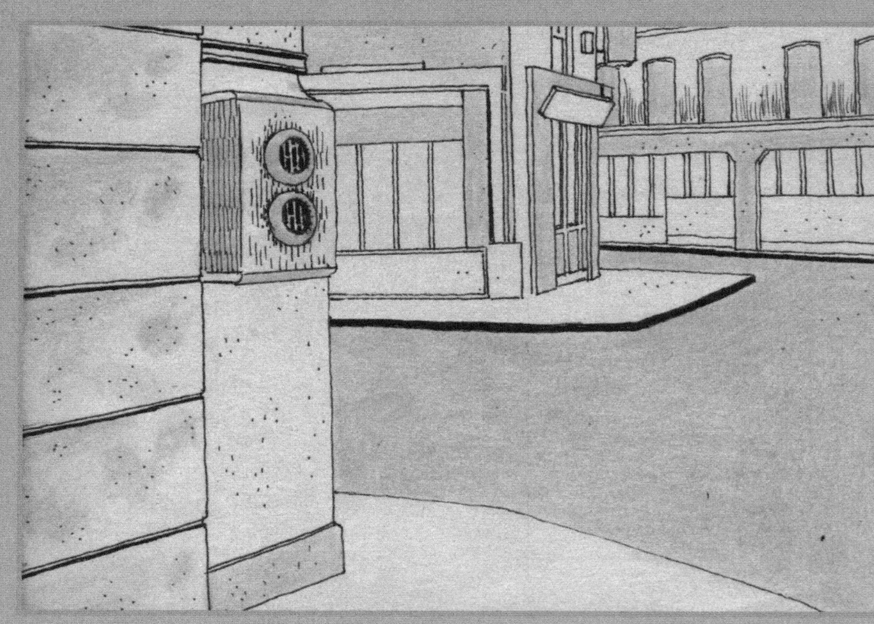

YOKAI

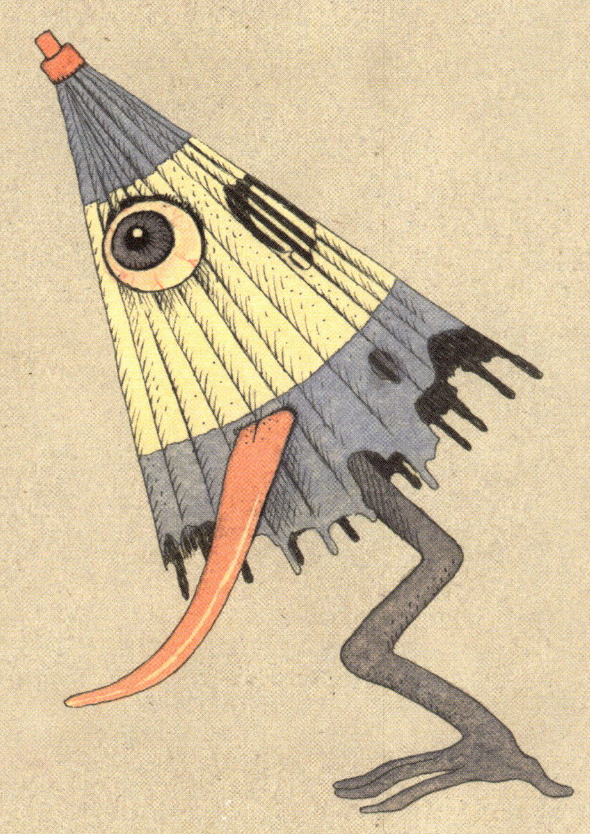

Ich beschäftigte mich wieder mit der bäuerlichen Welt Japans und ihren Sagen und Legenden. Sichtbare und unsichtbare Wesen suchten die Natur heim. Würde ich dort leben, da war ich mir sicher, würde auch ich die Rußmännchen zu Gesicht bekommen, von denen MIYAZAKI erzählt.

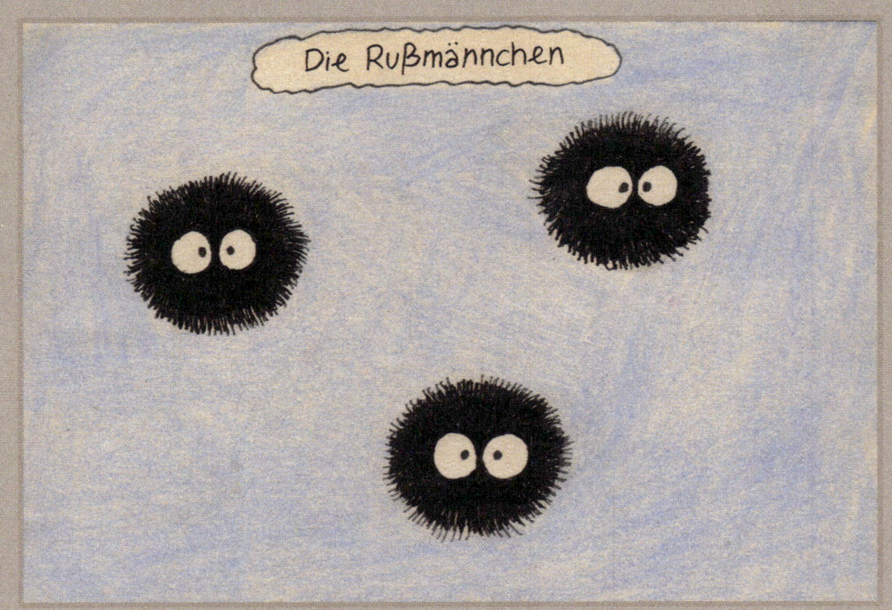

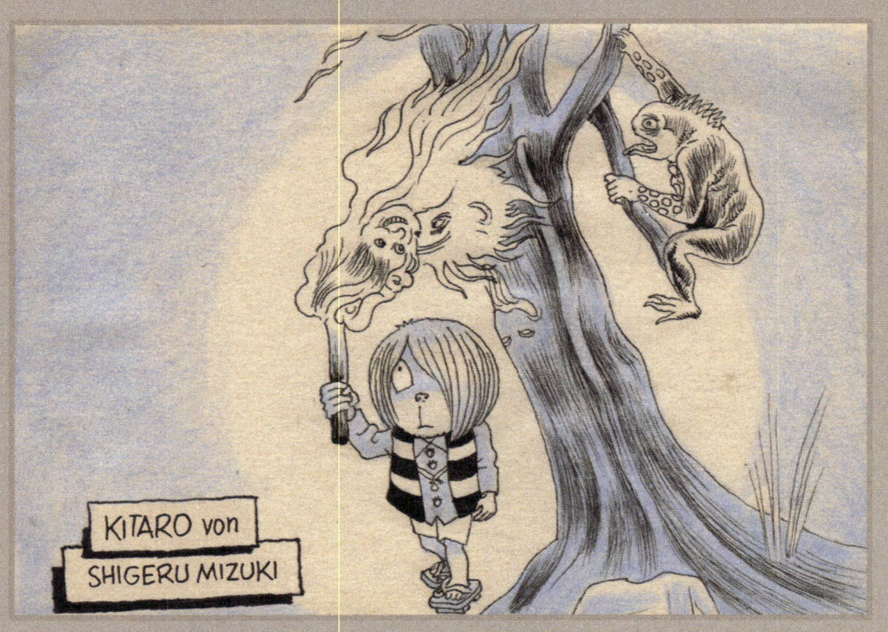

Die Berichte von TSUNEICHI MIYAMOTO, einem Ethnografen, der 160.000 Kilometer zu Fuß zurückgelegt hatte, um Sitten und Bräuche in den entlegensten Dörfern Japans aufzuzeichnen, leisteten mir Gesellschaft. Und selbstverständlich die Enzyklopädie der japanischen Monster, die SHIGERU MIZUKI berühmt gemacht hatte.

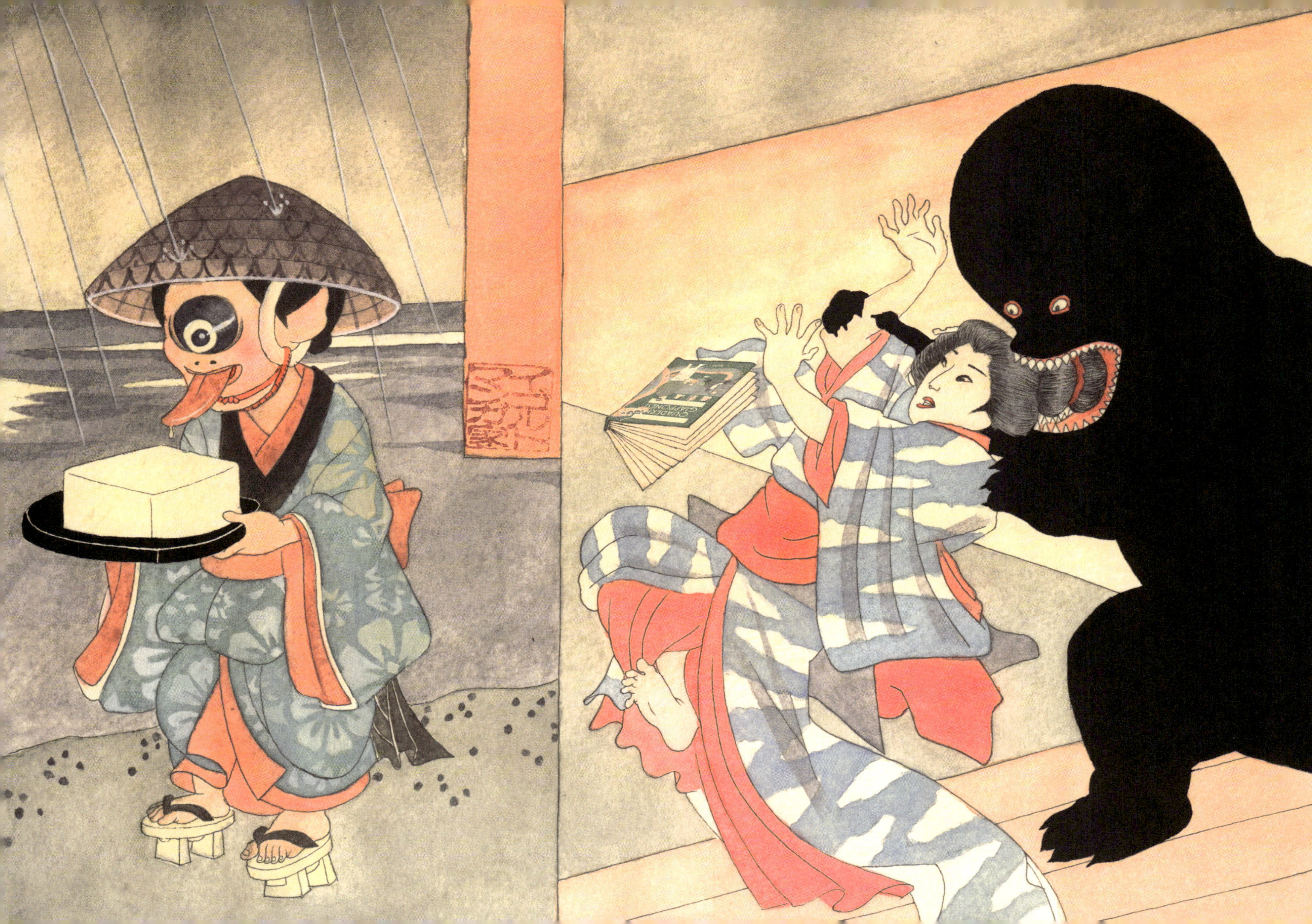

YO KAI — Fabelwesen, Geist, Erscheinung

Es gibt verschiedene Formen von YOKAI:

ONI – bösartig
KITSUNE – trügerisch
YUKI-ONNA – Schneefrau

Andere Yokai haben teils tierische, teils menschliche Züge:

TENGU, KAPPA, NURE-ONNA

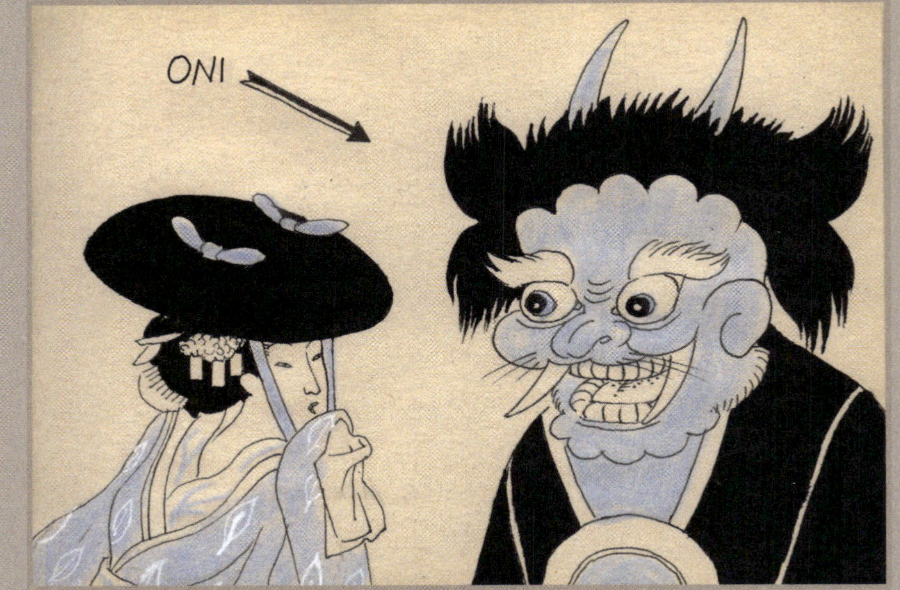

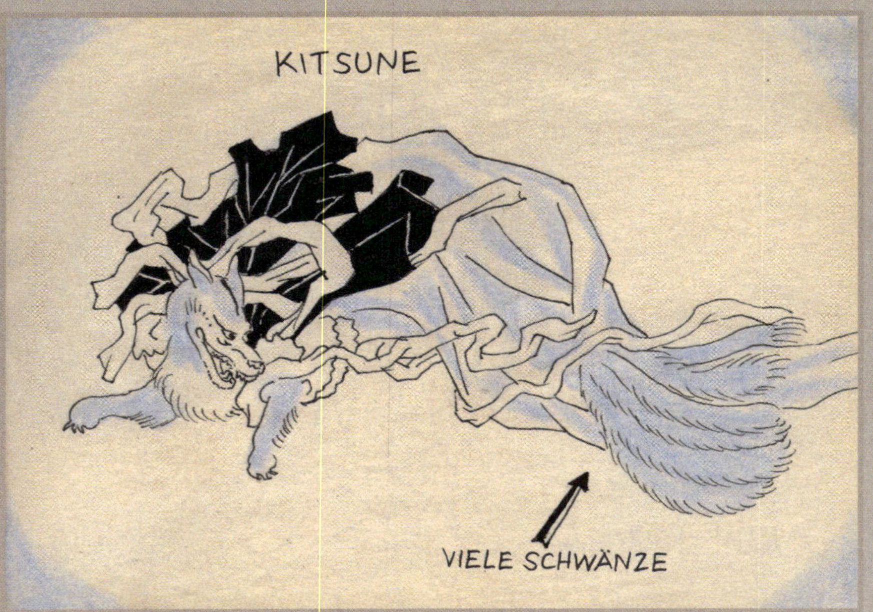

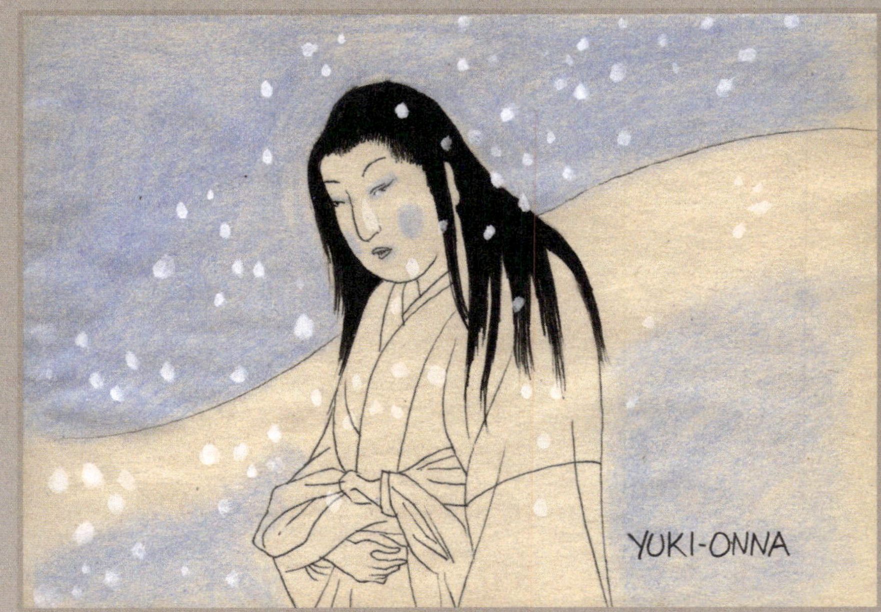

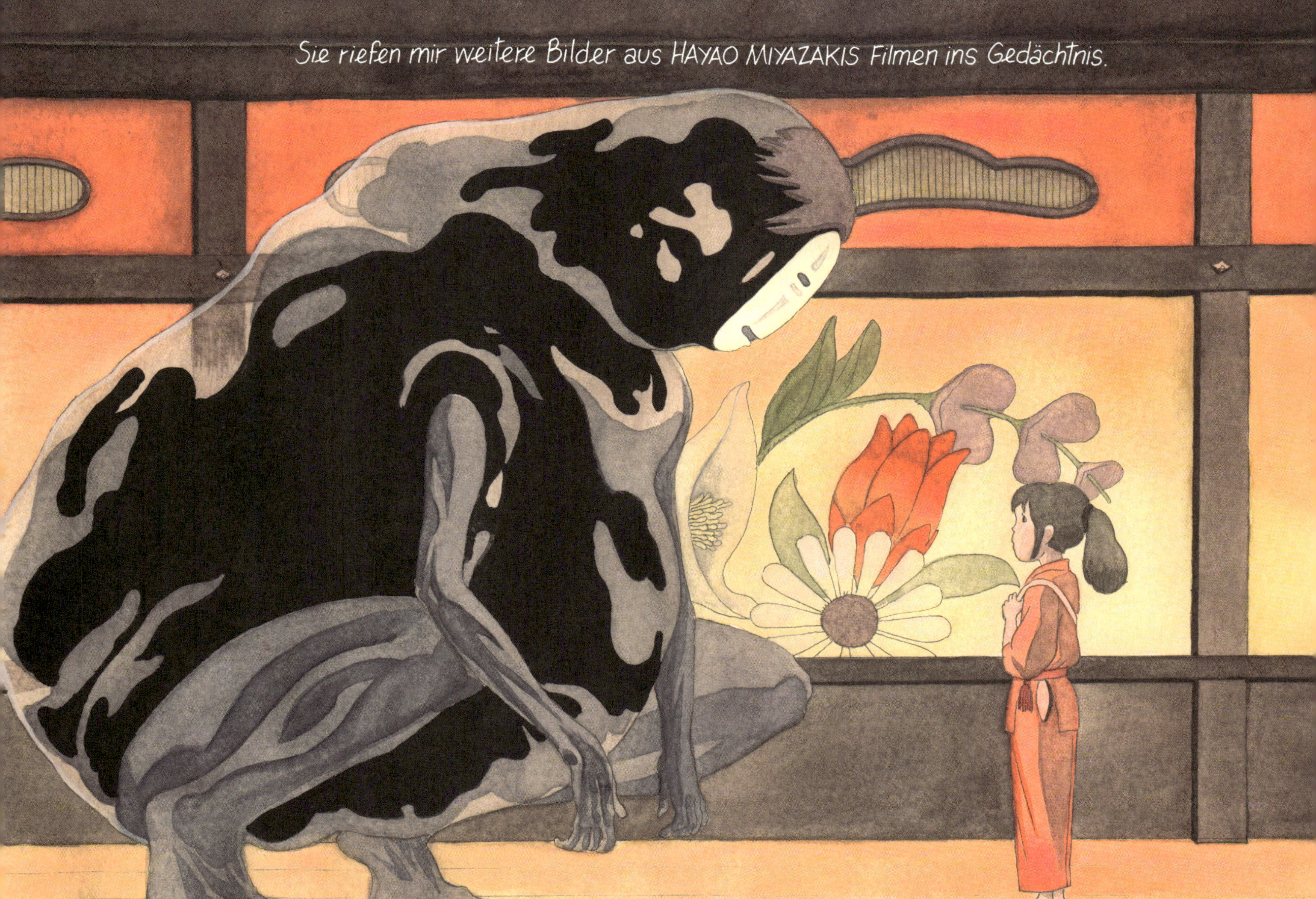
Sie riefen mir weitere Bilder aus HAYAO MIYAZAKIS Filmen ins Gedächtnis.

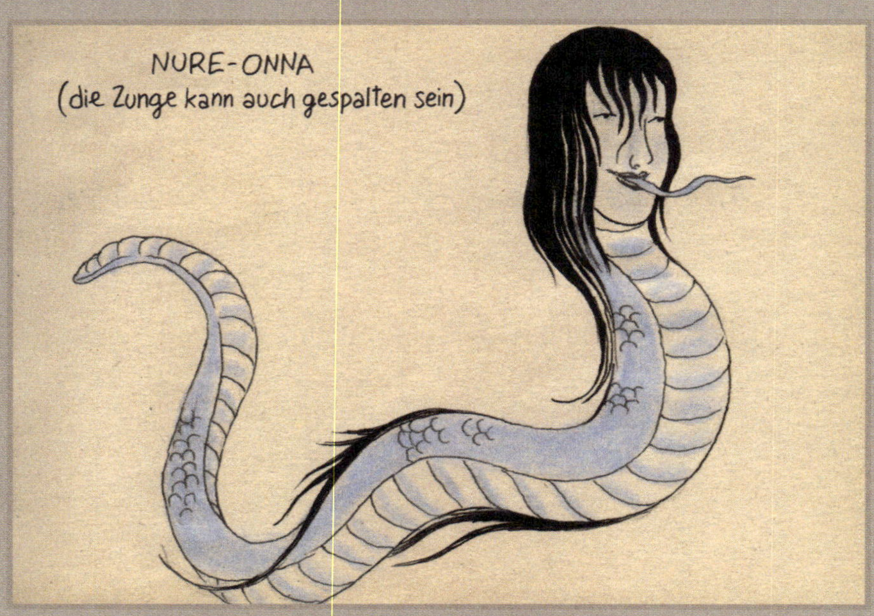

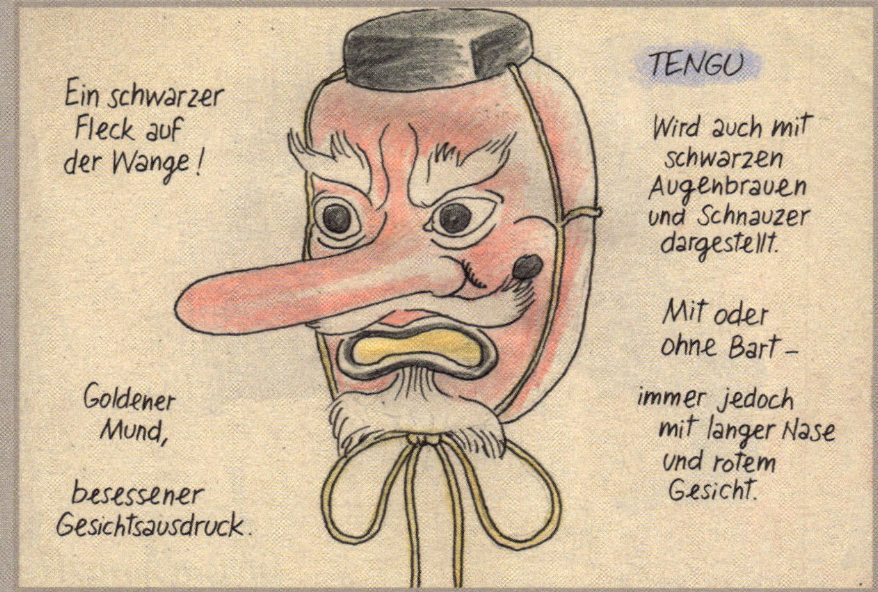

Weshalb YOKAI mit den Menschen in Kontakt treten, liegt im Dunkeln. Es gibt einsame YOKAI, die in der Wildnis leben, weitab von bewohnten Gegenden. Andere wiederum fühlen sich von menschlicher Aktivität, von den Öfen und Wohnungen angezogen. FEUER wird häufig mit den YOKAI in Verbindung gebracht, ebenso wie die Himmelsrichtung NORD-OST. (Nehmt euch in Acht vor allem, was aus dem Nord-Osten kommt!)

Auch der SOMMER wird oft mit den YOKAI in Verbindung gebracht. Das ist die Jahreszeit, in der sich die Geisterwelt der Welt der Menschen nähert. YOKAI haben übernatürliche Kräfte, manche von ihnen lassen sich mit Menschen ein, und so entstehen HAN YO, Halbdämonen.

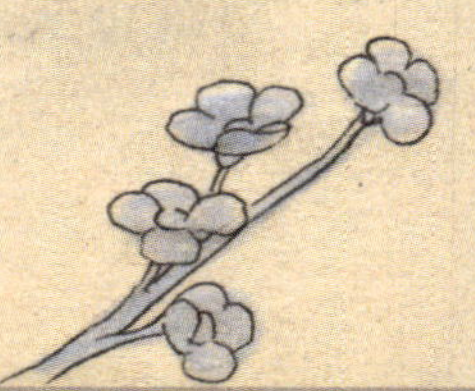

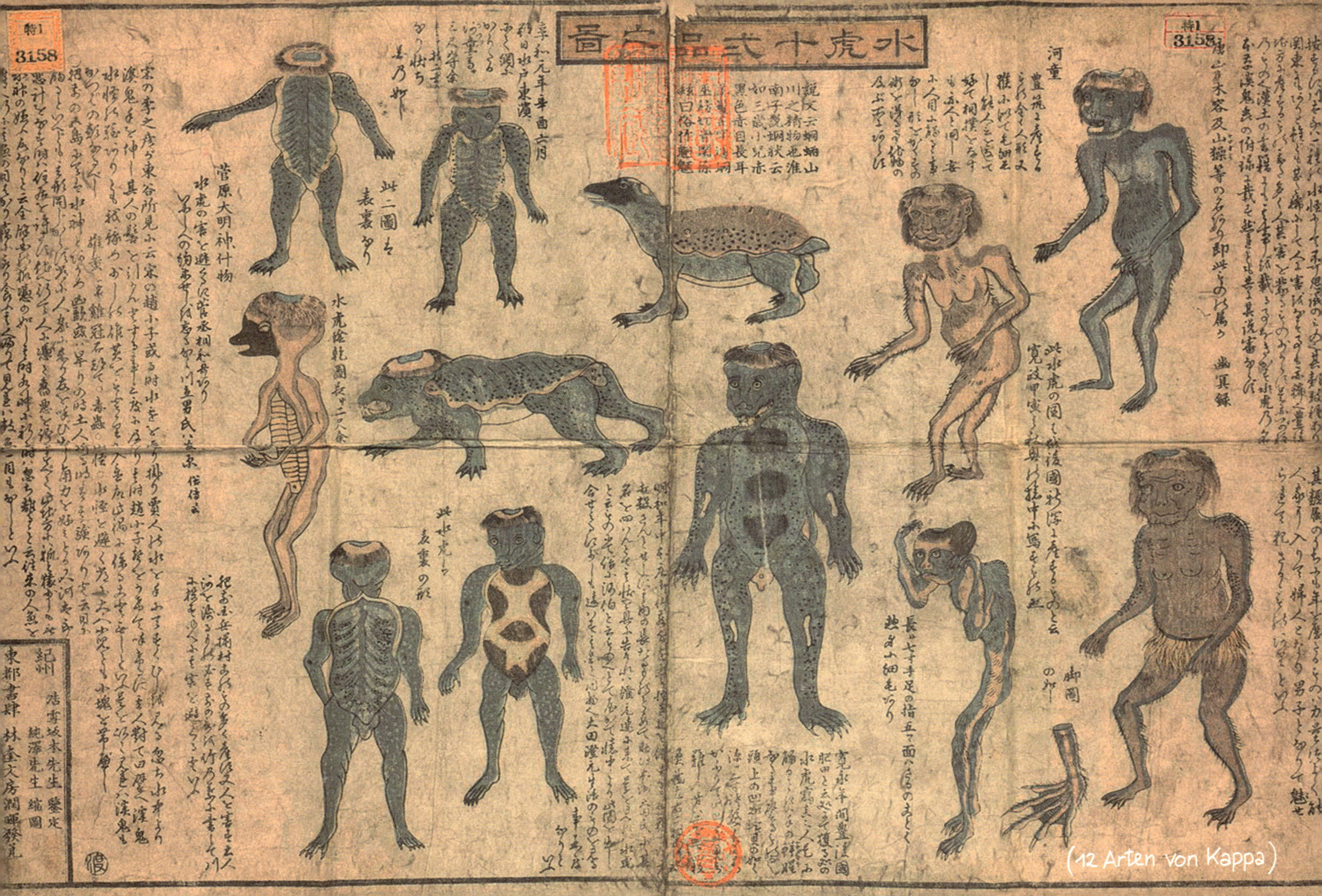

(12 Arten von Kappa)

Während ich meine Notizblöcke durchblätterte, fielen mir die Worte wieder ein, die TADAO TSUGE bei unserer letzten Begegnung an einem Maimorgen vor einigen Jahren zum Abschied an mich gerichtet hatte …

Am Ende unseres Treffens, wir waren auf dem Weg zum Bahnhof CHIBA, hatte er darauf bestanden, noch auf einen Kaffee einzukehren. Ich zeigte ihm meine Reiseskizzen und bat ihn zum Andenken um eine Zeichnung.

Wir sprachen über seine Kindheit. Diese schrecklichen Tage. Die Nachkriegszeit. Die Jahre des sogenannten Wiederaufbaus. Dann erinnerten wir uns an MIZUKIS großartige Werke und sprachen über

DIE YOKAI.

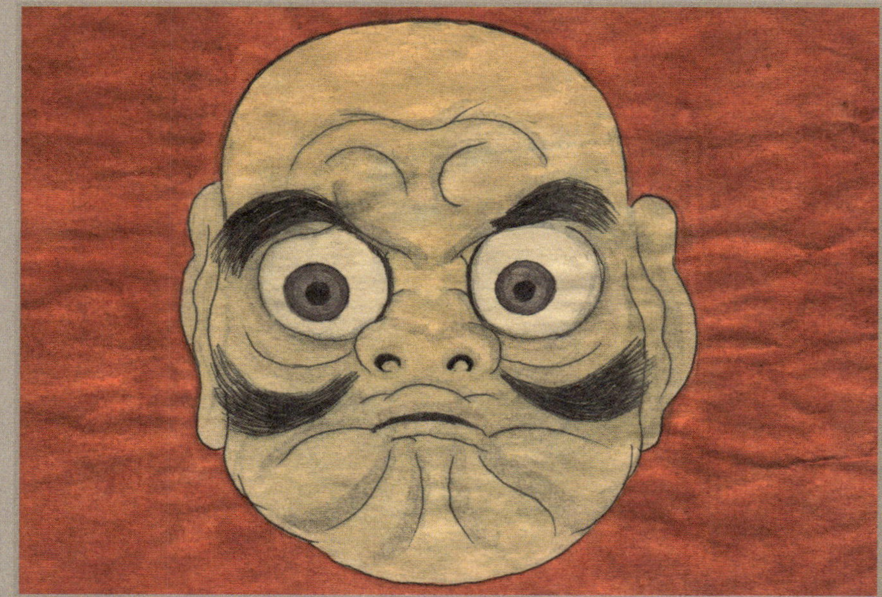

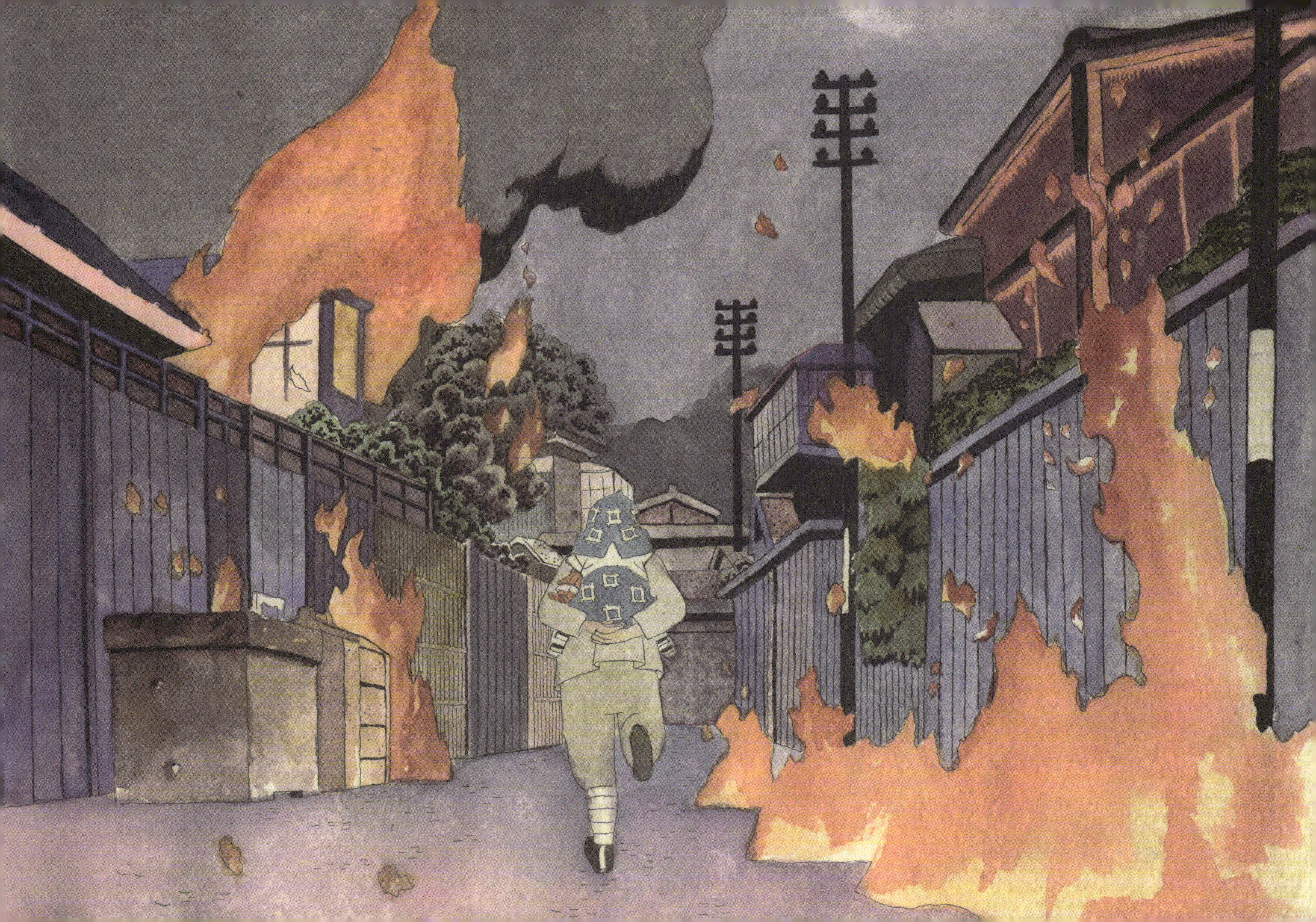

„In der Natur gibt es rätselhafte Kräfte. Ich glaube an YOKAI, die unsichtbaren Mächte", gestand er mir mit seinem verträumten Lächeln.

Und fügte hinzu, bevor er sich verabschiedete: „Mein Bruder YOSHIHARU zum Beispiel, der hat diese Art von Zauber, diese Art von Kraft."

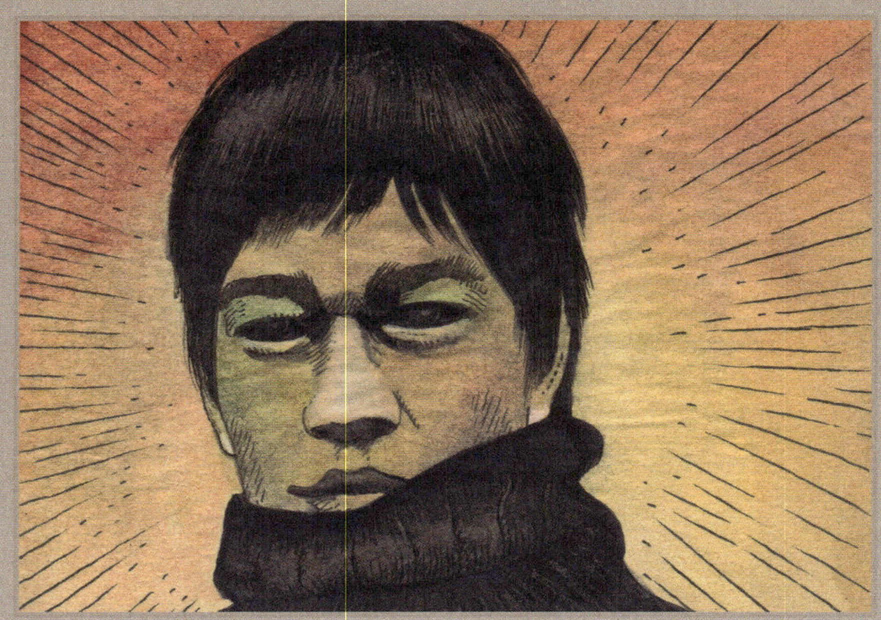

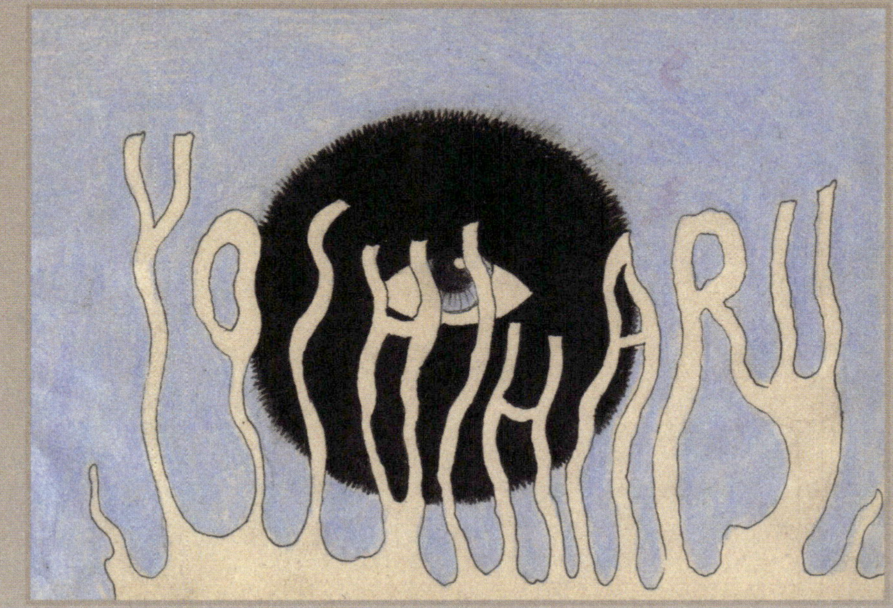

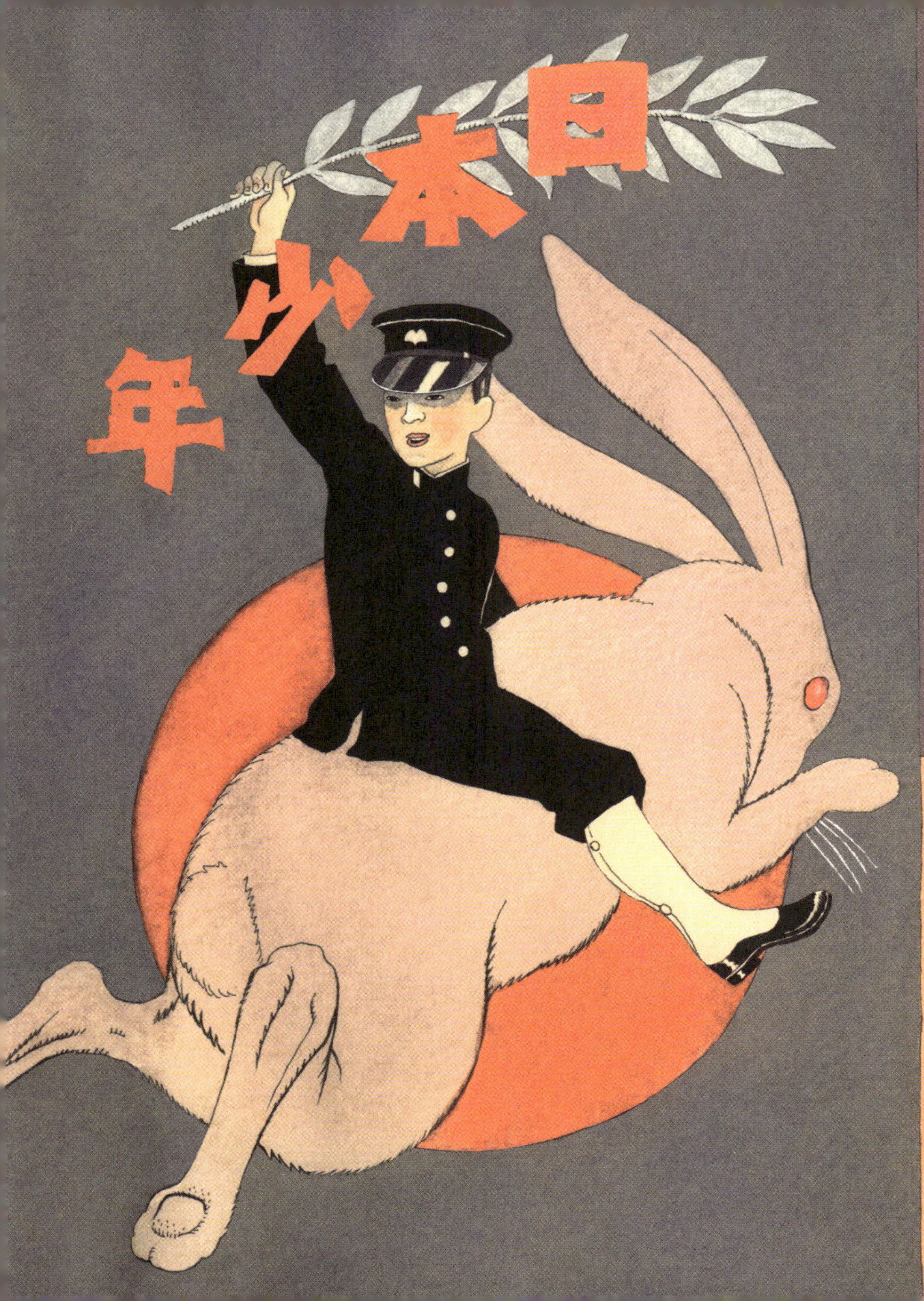

日本少年

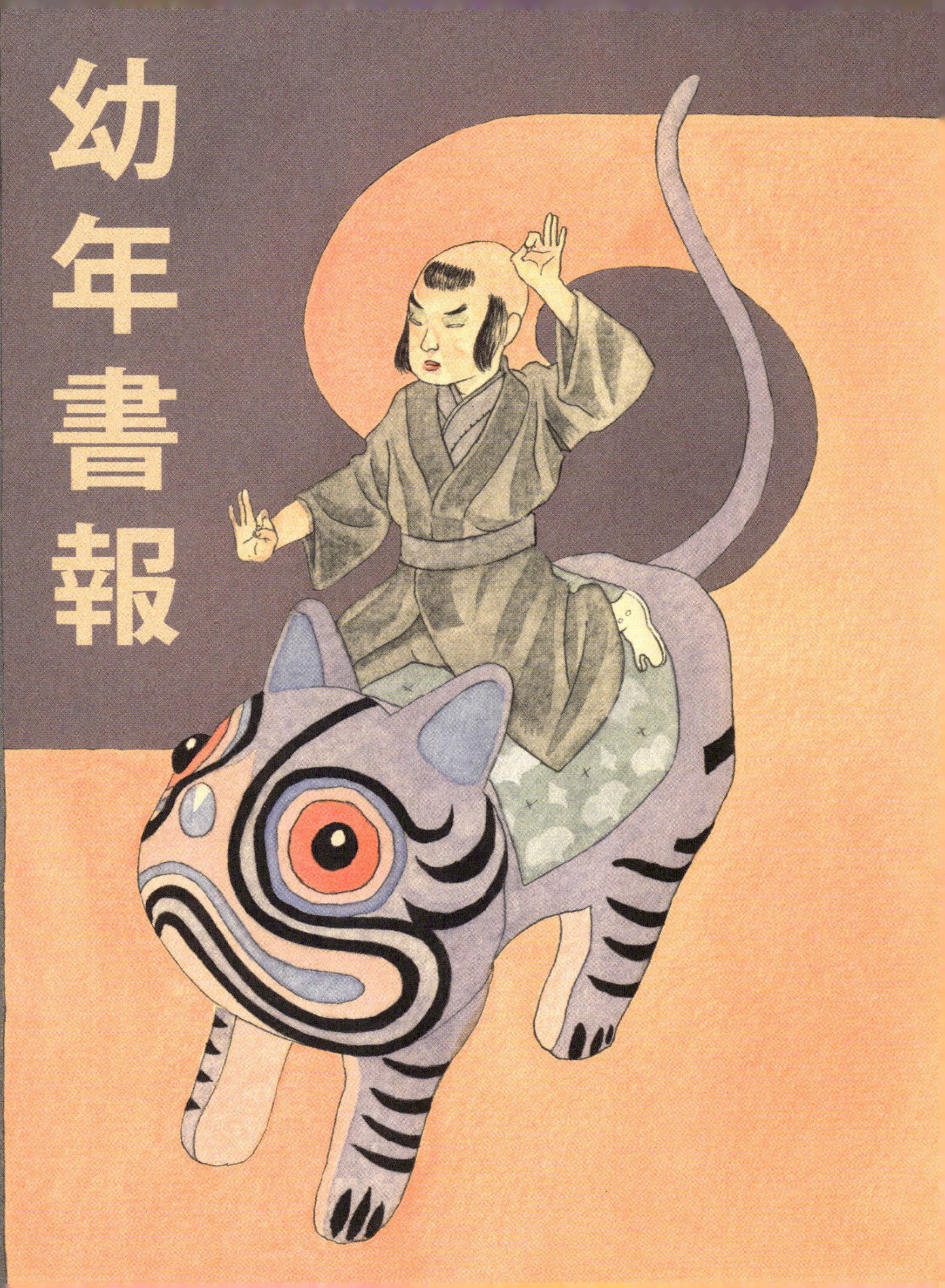

幼年書報

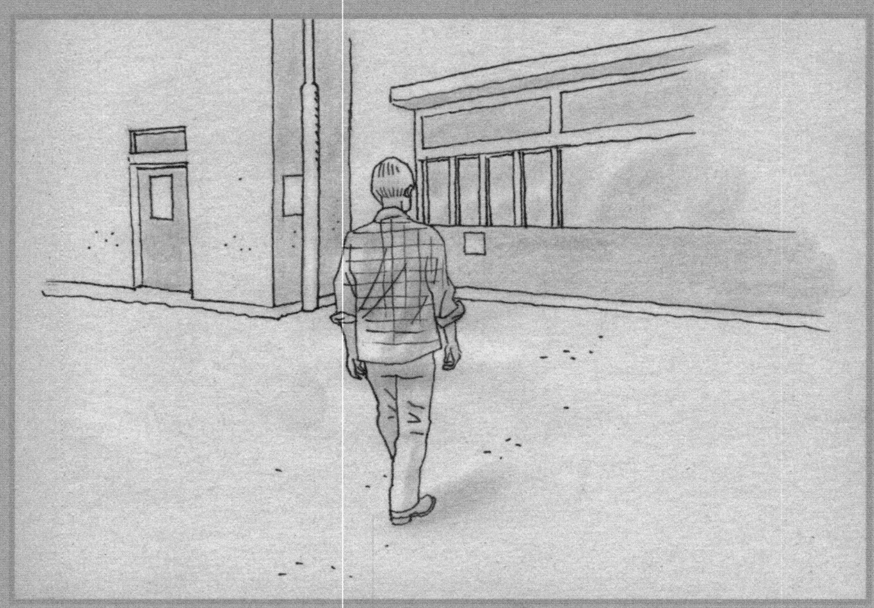

Ich sah ihn fortgehen, zurück in den Jeansladen, den er mit seiner Frau führt. Der sanfte Mann mit den grausamen Erinnerungen, der nicht gern reiste und ein Leben in der Provinz vorzog …

Der Mann, dem sogar TOKIO wie ein weit entfernter, fremder Ort vorkam, öffnete die Tür zum Rätselhaften ohne große Worte. Der Zauber liegt im alltäglichen Leben. Das war, was er mir vermittelt hatte.

Dem Arzt und Samurai Ekiken Kaibara zufolge liegt das, wonach wir suchen, direkt vor unseren Augen. Es zeigt sich jedoch nur denen, die dazu bereit sind.

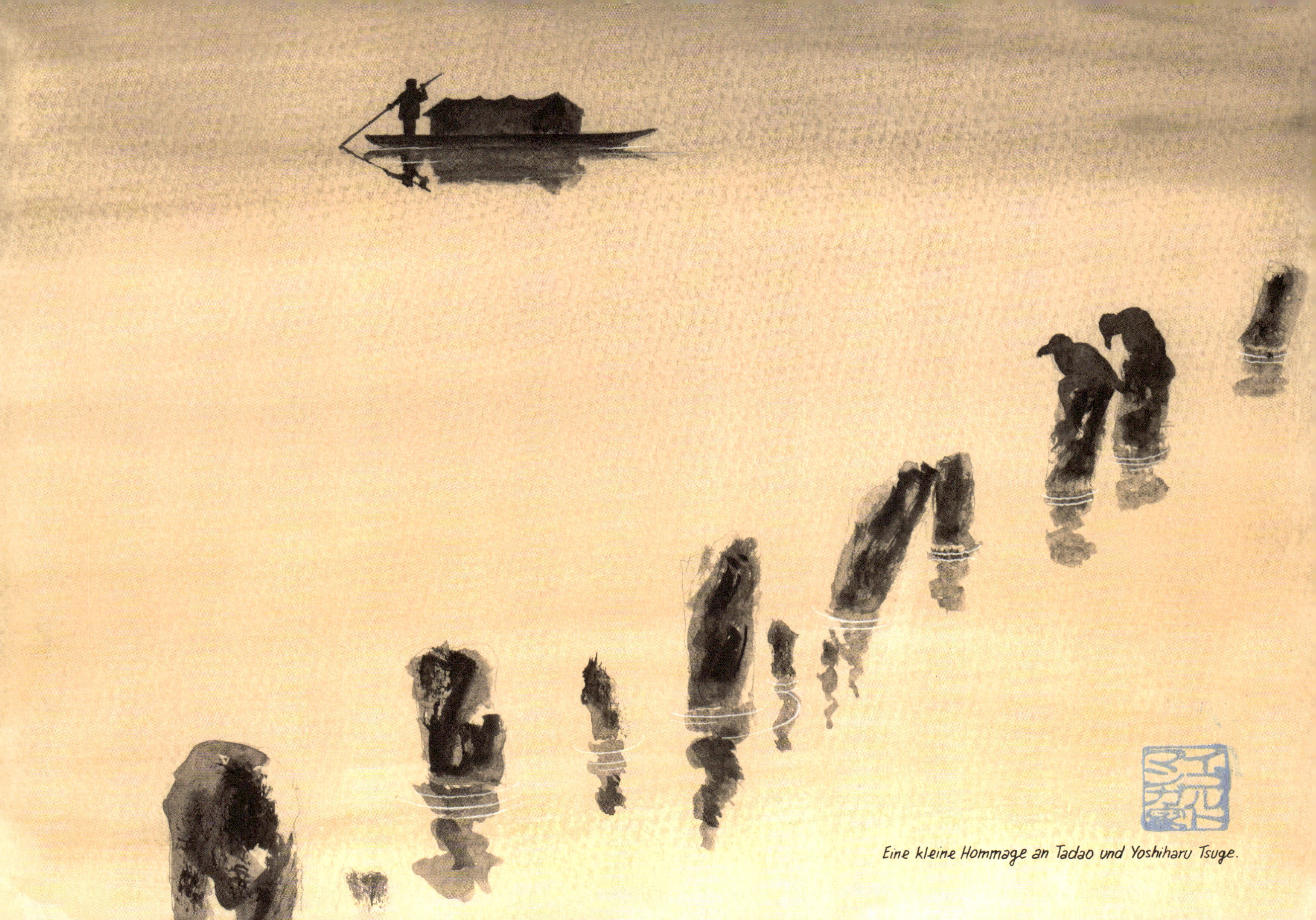
Eine kleine Hommage an Tadao und Yoshiharu Tsuge.

Um es zu finden, sind gewisse Fähigkeiten vonnöten.
Man muss in die Stille eintauchen. Und im Dunkeln sehen lernen.
Der rationale Blick ist nutzlos, es bedarf der Reinheit
eines Kindes.
Leiten kann uns ein einfacher Klang, drei Silben nur:

KO KO RO

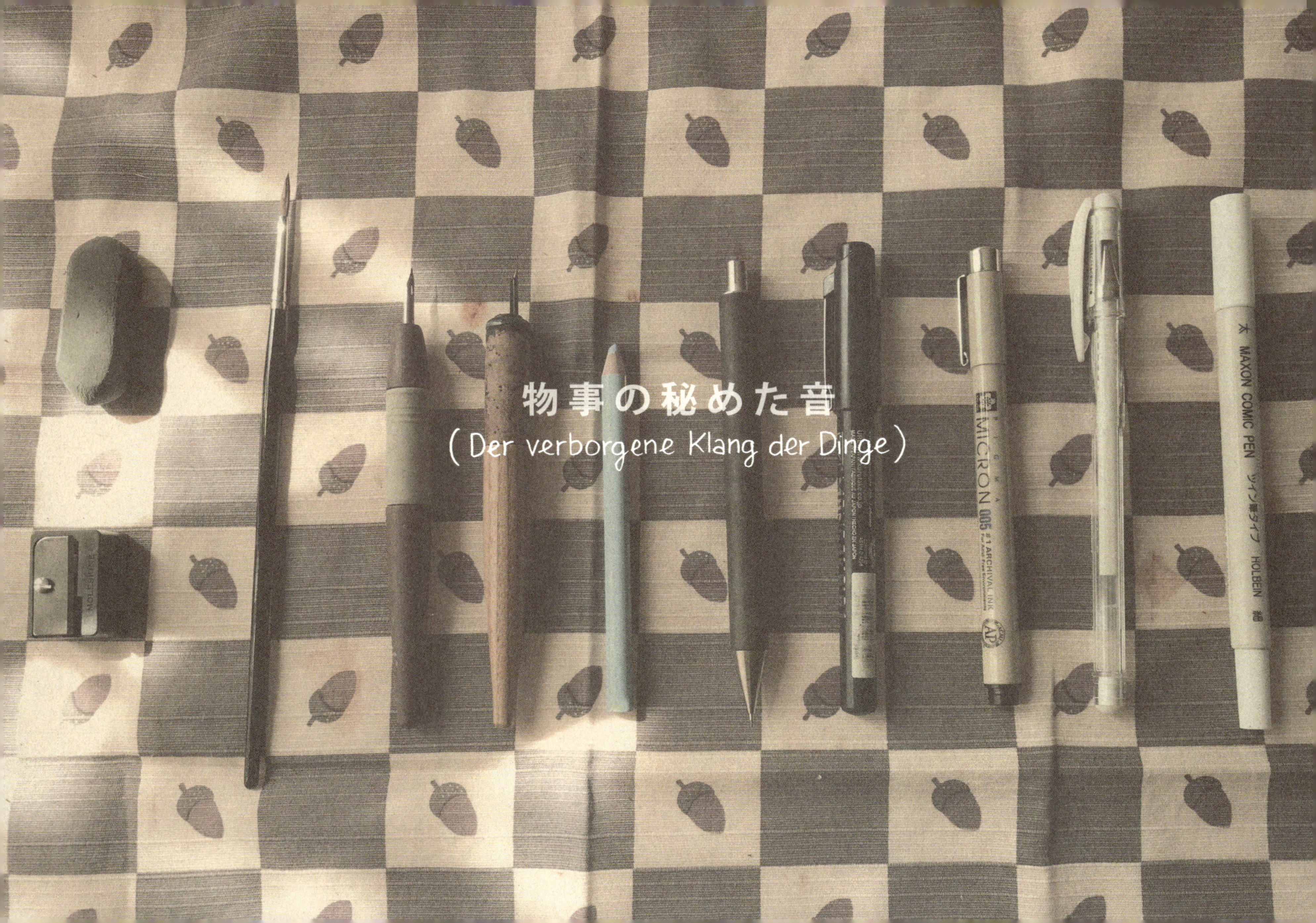

物事の秘めた音

(Der verborgene Klang der Dinge)

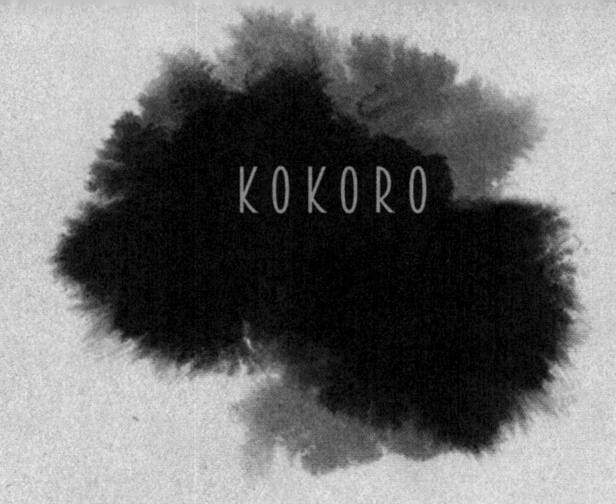

KOKORO IST IGORTS EINUNDZWANZIGSTES BUCH. ERSCHIENEN IM MAI 2019, DES ERSTEN JAHRES DER REIWA-ZEIT.

DER AUTOR MÖCHTE DANKEN:
MIDORI YAMANE, BARBARA WASCHIMPS, GIORGIO AMITRANO, LAURA MORANTE, ROBERTA NOVIELLI, STEFANO GUZETTI,
GIOVANNI PILIARVU, MIKIKO KIKUTA UND SELBSTVERSTÄNDLICH DEN OOO (ORIENTALI OFFICINE OBLOMOV)
GRÖSSTE DANKBARKEIT GILT CLAUDIO FRONTINI, MEISTER DER GRAFISCHEN KÜNSTE.

IGORT IM AVANT-VERLAG
5 IST DIE PERFEKTE ZAHL
BAOBAB 1&2
FATS WALLER

IGORT BEI REPRODUKT
BERICHTE AUS RUSSLAND
BERICHTE AUS DER UKRAINE
BERICHTE AUS JAPAN 1: EINE REISE INS LAND DER ZEICHEN
BERICHTE AUS JAPAN 2: EIN MANGAKA AUF WANDERSCHAFT
KOKORO – DER VERBORGENE KLANG DER DINGE

IGORT BEI SCHREIBER & LESER
DIE LETHARGIE DER SINNE

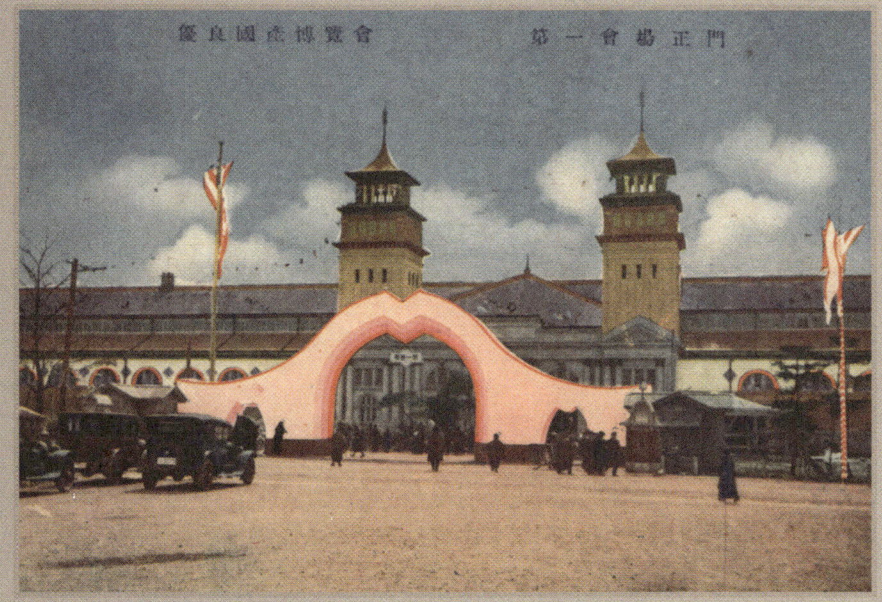
優良國産博覽會
第一會場正門

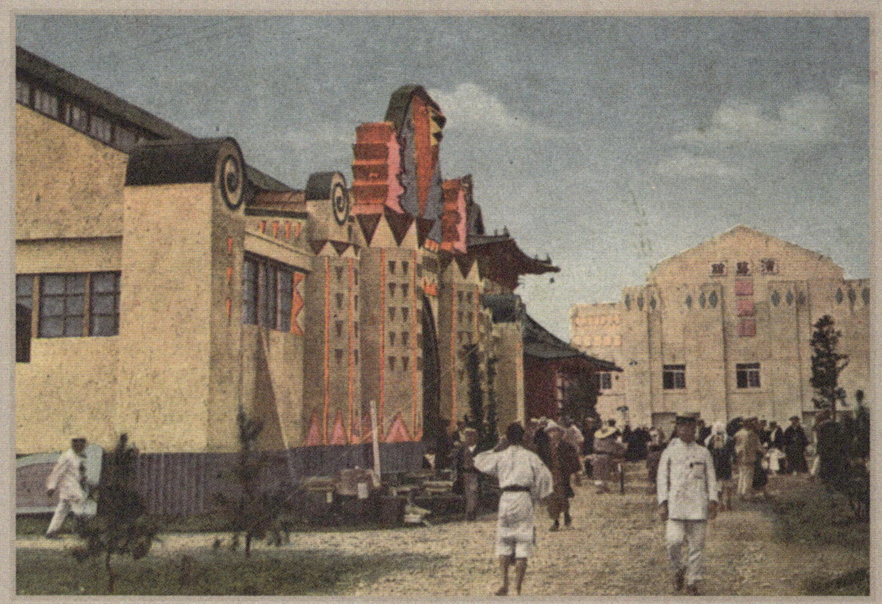

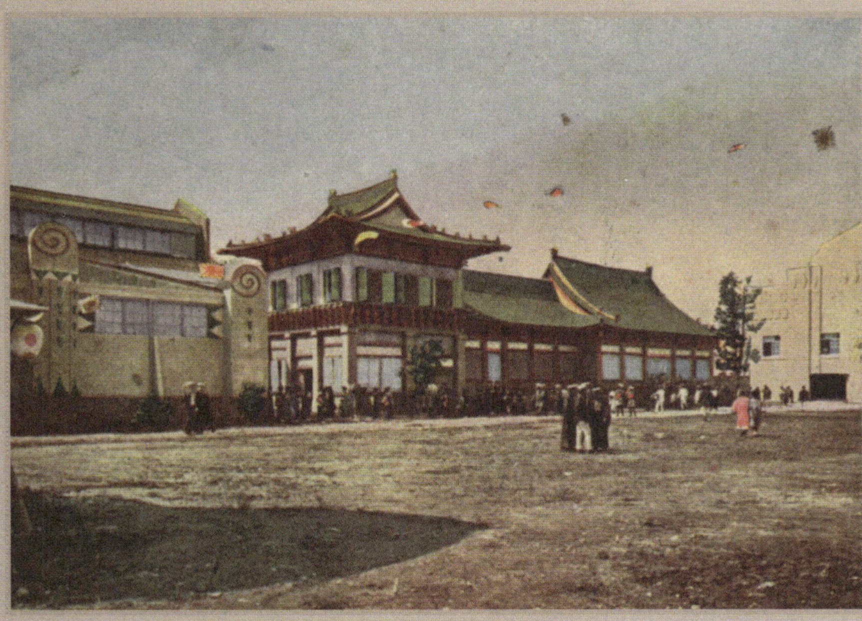

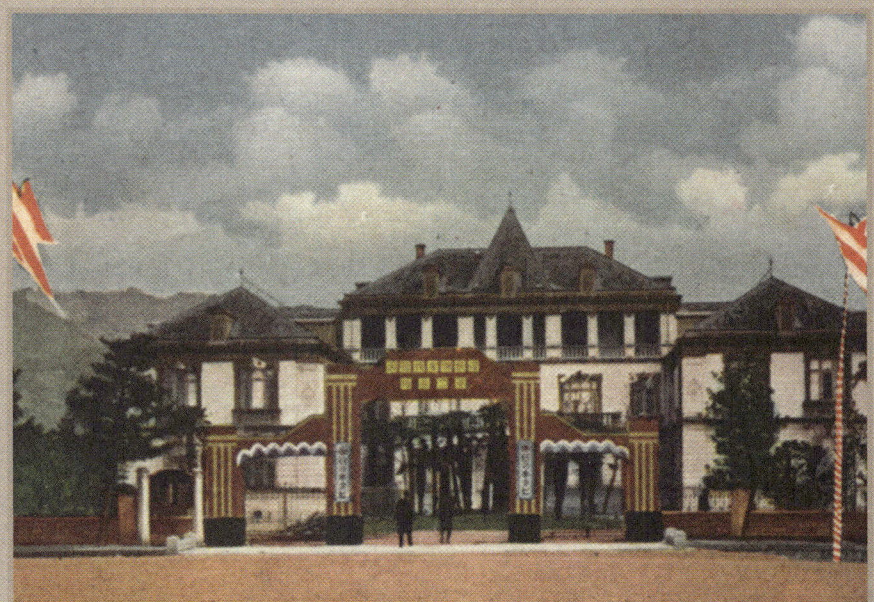

Traum vom 15. April 1993 (sicher beeinflusst von den Menko-Karten, die mir gestern in die Hände gefallen sind)

Ich war in Japan, vor dem Fenster sah ich Explosionen. Die Wände des Zimmers bebten, Sirenenalarm, auf der Straße großes Durcheinander, doch ich blieb erstaunlich ruhig. Ich bewunderte die riesigen Roboter, die sich in der Stadt bekämpften. Dann tauchten Zeppeline aus den Wolken auf und besiegten die Roboter. Es fing an zu regnen. Unaufhaltsam fielen die Tropfen, und alles versank darin. Nichts blieb, nur Wasser.

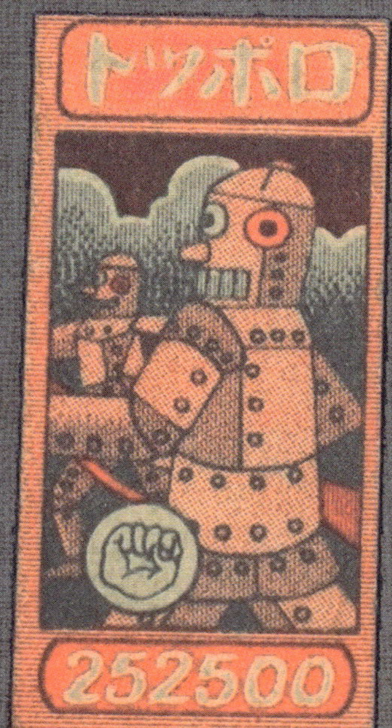

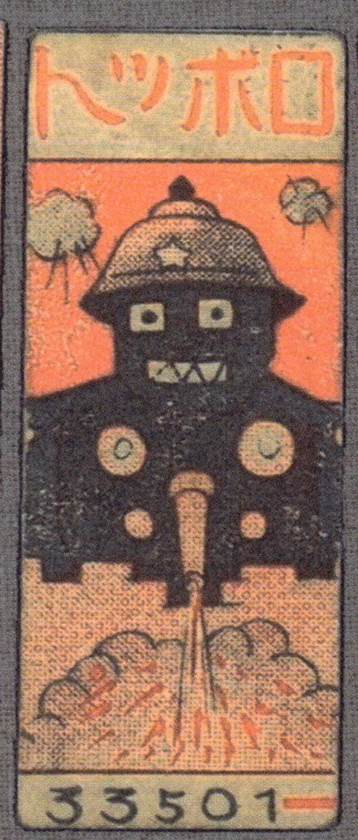

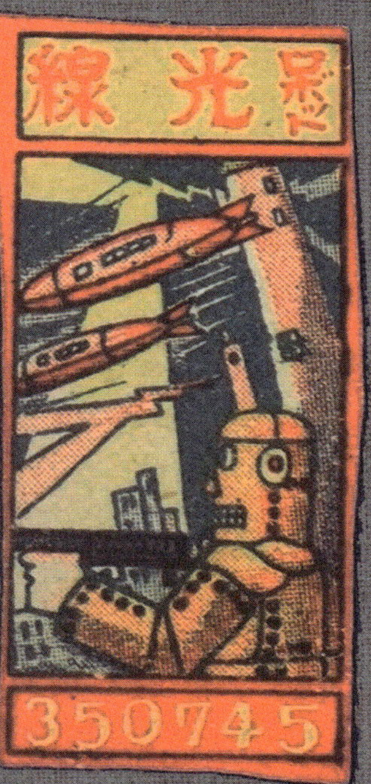

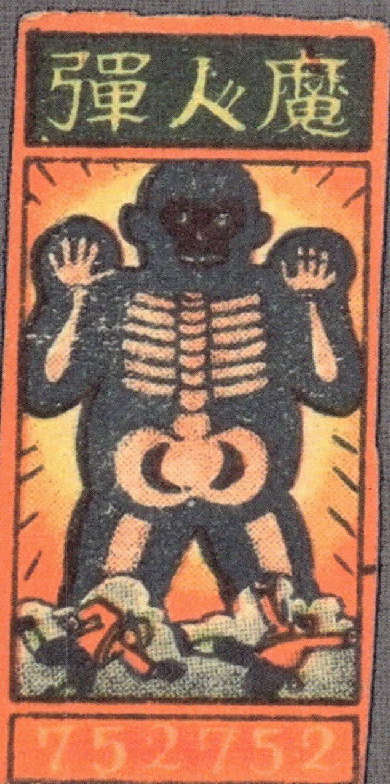

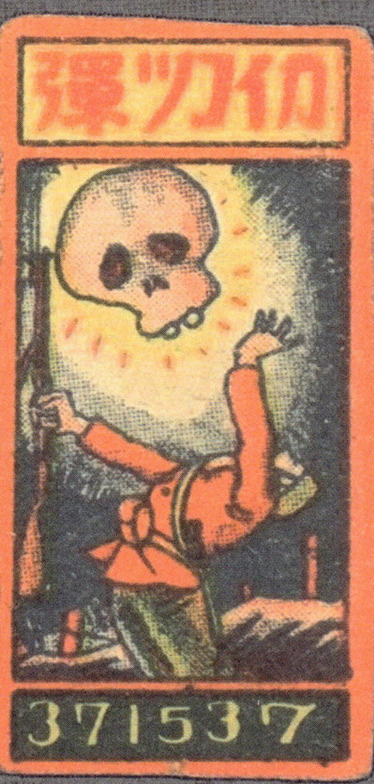

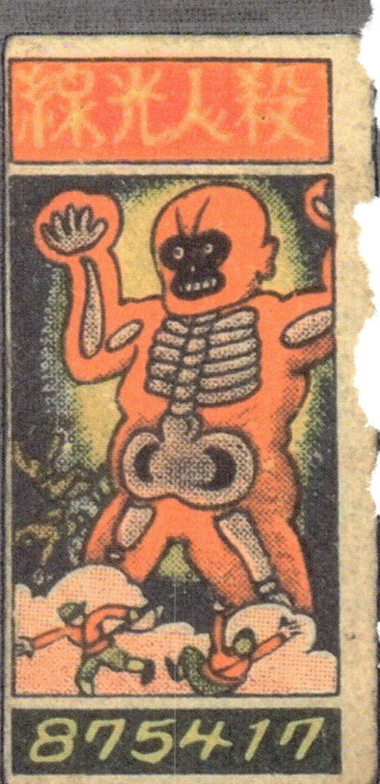

Und ich wusste: Dieses Wasser ist mein Leben.